도서출판 대장간은
쇠를 달구어 연장을 만들듯이
생각을 다듬어 기독교 가치관을
바르게 세우는 곳입니다.

대장간이란 이름에는
사라져가는 복음의 능력을 되살리고,
낡은 것을 새롭게 풀무질하며, 잘못된 것을
바로 세우겠다는 의지가 담겨져 있습니다.

www.daejanggan.org

12사도를 통한

Didache
디다케

주님의 교훈

Διδαχὴ (명, 주, 녀, 단, 보) διδαχή 가르침, 교훈
κυρίου (명, 속, 남, 단, 보) κύριος 주, 주인
διὰ (전, 속) διά ~통하여
τῶν (관, 속, 남, 복) ὁ 그
δώδεκα (기형, 원) δώδεκα 열둘
ἀποστόλων (명, 속, 남, 복, 보) ἀπόστολος 사도
τοῖς (관, 여, 중, 복) ὁ 그
ἔθνεσιν (명, 여, 중, 복, 보) ἔθνος 이방인, 민족, 사람, 백성

대장간문고 006

디다케
12사도를 통해 주시는 주님의 가르침

옮긴이	김재수
초판발행	2009년 7월 1일
2판발행	2019년 10월 2일
펴낸이	배용하
책임편집	이승호
등록	제364-2008-000013호
펴낸 곳	도서출판 대장간
	www.daejanggan.org
등록한 곳	충청남도 논산시 가야곡면 매죽헌로1176번길 8-54
분류	기독교	초대교회	신앙
편집부	전화 (041) 742-1424
영업부	전화 (041) 742-1424 · 전송 0303 0959-1424
ISBN	978-89-7071-494-3 03230
CIP	CIP2019036693

값 10,000원

옮긴이
김 재 수

고신대학교 신학대학원을 졸업하고
남아공스텔렌보쉬대학교에서 신약전공으로
석사, 박사 학위를 취득하였다.
그 이후 같은 대학에서
신약 헬라어도 연구하였다.
남아공화국 남아공연합신학교의
초대교장대리를 역임했으며,
현재는 같은 신학교에서 신약과 헬라어를,
칼빈프로테스탄트교단 신학교에서
헬라어를 강의하고 있다.

CONTENTS

디 다케는 1873년 그리스 정교의 주교 브리엔니오스가 콘스탄티노 플에 있는 예루살렘 수도원의 도서관에서 발견한, 후에 예루살렘 사본이라 불리는 양피지 제본에 포함된 일곱 개 문헌 가운데의 하나이 다. 이 디다케의 발견은 사해사본 발견에 비견되는 엄청난 사건으로 기 록되고 있다.

디다케의 연대가 학자에 따라서 다르기는 하지만 지금까지 발견된 초 대교회 문헌 가운데서 가장 오래된 문헌으로 알려졌다.[1] 사도 시대부터 속사도 시대 사이에는 문헌의 부족으로 말미암아 연구가 부족한 형편인 데 디다케는 이 시대의 교회에 대한 유일한 정보의 보고라고 불린다.

디다케는 갈라디아서 정도의 크기이지만 학계와 교회에 미친 영향이 엄청나다. 우선 디다케는 성경해석법의 하나인 간본문적間本文的 intertextuality 영향을 위해서는 매우 유용한 자료이다. 디다케의 저자는 구약의 율법 과 선지자 그리고 예수님의 말씀을 비롯한 공관복음 혹은 공관복음 이 사용하였던 자료를 의미인용citation, 직접인용quotation, 변죽allusion, 그 리고 메아리echo 네 종류의 형태로 이용하였다. 이 연구 방법으로 예수님 이후 에 복음 전도자들이 어떻게 유대사상을 해석하고 초기 기독교에 적 용 하였는지를 알 수 있고 공관복음의 전통에 대한 연구를 위해서 유익 한 정보를 제공하기도 한다. 또 성경해석 학자 중에는 그리스도의 죽으심 과 부활로 어떻게 하나님의 뜻이 이루어졌는지를 살피는 소위 그리스도 완결적 적용에 이 연구방법을 이용하기도 한다.

---

1) 학자들은 주다해 50~70년 대에 기록이 되었다고 하기도 함.

더 나아가서 디다케는 마태복음에 나타나는 지상명령(마 28:19~20)의 주석이라고까지 한다. 이방인들이 세례를 받으려면 실천해야 할 사항들을 배우고 그리고 구체적으로 세례 직전에 준비할 사항과 베푸는 방법 그리고 세례받은 교인으로서의 신앙생활에 대해서 간략하게 언급하고 있다.

　사도행전에 의하면 이방인들을 위한 전도에서 가장 걸림돌이 되었던 것은 우상숭배와, 목매어 죽이는 것과 피를 마시는 것 그리고 음행이다. 디다케는 이런 문제들에 대해서 분명하게 설명하고 있다. 예로서 디다케는 마태복음 28:19~20의 형태로 삼위일체 하나님을 소개함으로써 기독교의 하나님은 다른 신들과는 분명히 다르다는 것을 가르치고 있으며, 윤리적 실천이 교인이 되는 기준이라고 강조하고 있다. 이 외에도 디다케는 전도와 예배학, 선교학에도 이바지할 바가 많다.

　디다케는 성경 다음으로 중요한 문서라고 간주하여지기도 하지만 정경은 아니기에 한국 신학계와 교회에서 그렇게 많은 주목을 받지 못하는 것이 사실이다. 그렇지만, 디다케는 로마서 혹은 갈라디아서와는 달리 야고보서처럼 기독교인들의 실천적인 신앙생활을 강조한다. 성숙한 신앙생활을 특별히 요구하는 현 한국교회에 디다케는 큰 유익이 있을 것을 의심하지 않는다. 그리고 앞에서 언급한 대로 디다케는 한국 교회가 신약성경을 해석하는데 매우 유용하리라 생각한다.

　이 역서는 고신대 신대원에서 본인에게 수학한 후에 남아공 스텔렌보쉬대학에서 신약을 전공하여 박사학위를 취득하였고, 선교현장인 남아공에서 연합신학교 설립추진위원장과 초대교장을 역임하였으며, 현재는 이 신학교에서 신약과 헬라어를 강의하고, 또 영어로 신학 저널을 발간하기도 한 학자 선교사이신 김재수 박사가 직접 헬라어에서 우리말로 번역한 귀한 작업의 결실이다. 게다가 헬라어 원문과 단어분해가 있어서 헬라어 원문을 연구하는 학도들에게도 유익하다. 이 책의 번역을 필두로 하여서 고대문헌이 원어에서 직접 번역되기를 기대해 본다. 아울러 이런 작업으로 한국교회를 중심으로 한 주님의 나라가 더욱 확장되기를 간절히 바라는 마음에서 본서를 기꺼이 추천하는 바이다.

주다해2) [AD] 2009년 6월 20일

황 창 기(Th. D.)
전 고신대학교 총장
현 한국동남성경연구원장

---

2) 주님께서 다스리시는 해

추천서2

김재수 선교사님에 의해 디다케 한국어 역본이 완성되게 된 것을 기쁘게 생각합니다. 디다케는 예수님 이후에 사도들과 복음전도자들에 의해서 세워지기 시작한 교회의 초기 발전단계에 대한 귀중한 정보를 우리에게 제공해주고 있습니다. 이는 오늘날과 같은 조직된 교회의 정보는 아니라 할지라도 오늘날 한국교회의 목회자들을 비롯한 교회 지도자와 성도들 그리고 선교사들을 위해서 중요한 자료가 됨은 틀림없는 사실입니다.

첫째로 디다케는 세례를 위한 훈련교재입니다. 그 훈련은 성도들의 행동윤리에 강조점을 두고 있습니다. 교회와 함께하는 것이 주님과 함께 하는 것으로 알고 있었던 초대교회의 성도들에게는 무엇보다도 먼저 그들의 윤리적인 생활의 실천이 중요했습니다. 따라서 세례교인이 되려는 후보자들에게 디다케는 윤리적 생활을 강조하고 있습니다.

둘째로 디다케는 교회에 대한 규범서입니다. 초대교회의 세례와 기도, 성찬식 등에 대한 설명은 오늘날 교회의 예배신학을 돌아보게 하는 귀중한 자료가 되고 있습니다. 구제와 가난한 자에 대한 연민은 오늘날의 교회로 하여금 지역사회개발에 참여해야 하는 사명을 일깨워주고 있습니다.

셋째로 디다케는 목회자들에 대한 규범서입니다. 목회자들이 성도를 어떻게 교육을 해야 하고 무엇에 강조를 두어야 할 것인가에 대해서 가르쳐줍니다. 또한, 목회자들은 바른 신학을 배워서 바르게 가르쳐야 하지만 동시에 디다케는 목회자들의 행동을 보고서 참과 거짓을 구별하라고 강조합니다.

마지막으로 디다케는 교회가 기도와 금식을 통해 영성 개발을 해야 할 것을 강조하고 있습니다. 지적인 면에 치중하기 쉬운 교회들에 디다케는 영성 훈련을 게을리하지 말 것을 가르치고 있습니다.

초대교회는 교회의 변치 않는 영원한 모델입니다. 한국교회는 초대교회가 이방인들의 복음화에 어떻게 참여하였는가를 디다케로부터 배워서 한국교회의 건설과 부흥 그리고 선교사역에 적용해야 할 것입니다. 이 귀중한 보고를 누구나 접할 수 있도록 번역에 수고하신 김재수 선교사님의 노고에 다시 한 번 감사드립니다.

2009년 6월
한 진 환 목사
전 고신대학원장
서문교회 담임목사

서문

한노인이 주일날 예배당 안으로 들어오자 마자, 목사님이 계시는 강대상 앞으로 나와서 큰 절을 하였다. 그 목사님이 깜짝 놀라서 사연을 물었다. 노인은 자신이 가졌던 종교의 습관대로, 건물 안으로 들어가면 제일 먼저 앞에 있는 우상에게 큰 절을 해야만 하였다. 그래서 예배당 안으로 들어오면 제일 앞에 계시는 목사님께 큰 절 하는 것이 당연한 것으로 생각하여서 큰 절을 하였다는 것이다. 이는 한 개인의 이야기이지만, 지금도 한국교회의 많은 성도들은 기독교를 바로 이해하지 못하고 있다. 어떤 성도들은 아직도 조상 숭배의 제사에서 벗어나지 못하고 있으며, 기복신앙의 수준에서 신앙 생활을 하기도 한다. 아프리카의 어떤 기독교 교회는 예배당 안에서 조상신과 접신을 하기도 한다.

이와 비슷한 일이 바울에게도 있었다. 바울이 이방인들에게 복음을 전할 때 이방인들은 바울을 신으로 생각했고, (행 14:11) 어떤 이방인들은 바울을 자기들에게 외국 신을 소개하는 사람으로 알고 있었다. (행 17:18) 심지어 거짓 복음전도자들은 기독교인들에게 우상에게 받쳐진 음식을 먹도록 그리고 음행을 행하도록 가르쳤다. (계 2:14, 20)

사도들은 예수님의 가르침을 근거로 해서 하나님을 아버지로 부르는 교회 공동체를 세우는 중요한 임무를 맡았다. 이를 위해서 사도들은 모든 민족을 제자로 삼아야 한다. 주님께서 명령하신대로, 아버지와 아들과 성령의 이름으로 세례를 주고 가르쳐서 하나님의 계명을 지키도록 하는 것이 제자삼는 길이다. (마 28:19~20) 이 명령은 사도들에게만 주어진 것이 아니라 그리스도의 모든 제자들에게 주어진 것이다.

예수님 시대 이후에, 이방인들의 제자화를 위한 선교사역에서 복음전도자들은 큰 문제에 직면하게 된다. 이방인들은 다신론자들이다. 앞에서 언급한 대로 이방인들에게 예수 그리스도에 대해서 설명하는 것은 단지 하나의 신을 더 알게 하는 것이다. 복음전도자들이 직면한 또 다른 큰 문제는 이방인들의 도덕적인 문란한 생활이었다. 이방인들은 유대인들로부터 '개'라고 불리워졌다. 음행이 생활의 일부분이 되었다. (행15:20) 그럼에도 불구하고 이런 이방인들을 가르쳐서 예수님의 제자로 만드는 것이 전도자들의 임무이다.

그래서 전도자들은 이방인들을 가르치고, 세례를 베풀고, 교회생활을 영위하도록 지도해야 하며, 이방인들은 기독교인으로서 개인적으로 그리고 교회적으로 실천해야 할 것들을 배워야 한다. 이방인들의 훈련을 위한 이런 전 과정을 위해서 디다케가 작성되었다.

디다케는 원제 "이방인들에게 주시는 12사도를 통한 주님의 가르침" [3] 이라는 초대교회의 문헌에 대한 소제목이다. 이 책의 기록 년대, 장소, 저자 그리고 원독자가 공동체인가 아니면 개인인가 하는 주제들에 대해서는 학자들 사이에 통일된 의견이 없지만 이 디다케는 성경 다음으로 아주 중요하고 가장 오래된 기독교 고대 문헌이라고 하는데 있어서는 의심의 여지가 없다. 그래서 1873년에 오늘날 터키의 수도인 이스탄불에서 발견된 이후부터 서양학자들은 디다케에 대해서 지금도 많은 연구

---

3) 이는 헬라어 단어인 디다케를 '가르침'으로 번역한 경우이다. 이 경우에 디다케의 영어명은 "The Teaching of Lord through twelve Apostles to the Gentiles"이 되어 일반적으로 통용이 되고 있다. 이에 반해 밀라벡은 디다케를 훈련을 의미하는 용어로 이해하여서 "The Training of the Lord Through the Twelve Apostles to the Gentiles"로 번역하였다. 이 경우에는 "이방인들에게 주시는 12사도를 통한 주님의 훈련 교범"이라고 번역할 수도 있다.

를 하고 있다.

디다케는 매일 매일 **개인신앙생활을 위한 멘토링 교본**이다. 이는 일대일 선생과 제자 사이의 멘토링 교본이다. 이 훈련기간은 단기간이 아니라 한 선생 밑에서 제자가 충분히 훈련을 받았을 때까지의 장기간의[4] 훈련을 의미한다. 제자는 하나님의 말씀을 경외해야 하며 그리고 가르치는 선생을 예수님처럼 존경해야 한다. 하나님의 말씀에 대한 경외심이 희박해져 가고 있는 오늘날의 신앙생활에 있어서 이 책은 그 경외심을 회복되는데 유용한 문헌이 될 것이다.

디다케는 **세례교인을 위한 입문서이며 또한 교회의 규범서**이다. 디다케는 복음전도자들이 이방인들을 세례교인으로 만들고, 그들의 교회생활을 돕는 규범서이다. 예수님 이후의 시절에는 교회에 오는 것이 바로 주님께로 오는 것으로 인식이 되었다. 디다케는 지식으로 무장하여 주님께로 오는 방법을 제공하는 것이 아니라 주님께서 원하시는 생활방식으로 주님께 오는 방법을 설명하는 가장 오래된 교회 규범서이다.

디다케는 **선교의 규범서**이다. 디다케를 마태복음 28:19~20의 주석이라고 말하는 학자도 있다. 마태 복음에 나타나는 주님의 지상명령이 하나의 목적이라고 한다면 디다케는 이 목적을 성취하기 위한 구체적인 목표와 방법을 제시하고 있다. 선교지에서 성경적인 교회를 건설하기 위한 아주 유용한 자료이다.

디다케는 정경은 아니지만 그 내용은 **철저히 성경적**이다. 그래서 오

---

4) 어떤 학자는 2년간의 훈련기간이라고도 한다.

늘날 한국에서 교회를 세우는데 매우 중요한 고대 문헌일 될 것이다. 만약 초대교회시대의 신앙생활이 원리적인 면에서 오늘날의 한국교회 신앙생활의 표준이 되어야 한다면, 디다케는 매우 중요한 책이 될 것이다. 만약 신앙생활에 있어서 이론보다는 실천이, 지식을 얻기 보다는 얻은 지식을 적용하는 행동이 더 중요하다면, 디다케는 한국교회에 매우 소중한 책이 될 것이다. 만약 한국교회가 영성과 지성의 형평을 유지하고, 이를 기초로 해서 교회가 지역사회개발에 참여하여야 한다면, 디다케를 반드시 한국교회에 적용해야 할 것이다.

첫째, 디다케는 윤리적 실천을 강조한다. 디다케는 무엇을 믿어야 할 것인가에 대한 정보를 제공하는 것이 아니라, 어떻게 기독교인으로서 살아가야 할 것인가에 대해서 구체적으로 기록되었다. 디다케에 의하면, 기독교인이 되기 위한 조건, 이방인이 세례를 받을 수 있는 기준은 윤리적 생활의 실천이다. 윤리적 생활의 실천 여부를 참 교사와 거짓 교사, 참 선지자와 거짓 선지자를 구별하는 기준으로도 삼았다. 윤리적 생활은 생명의 길이며, 비윤리적인 생활은 죽음의 길이다. 디다케는 예수를 믿음으로 위로받는 것을 가르치는 하이델베르그 교리서와도 다르고 하나님의 영광을 위한 삶이 기독교인의 생활이 기본이 되어야 한다는 원리를 먼저 가르치는 웨스트민스터 교리문답과도 다르다.

둘째는 디다케는 교회 중심 신앙생활을 강조하고 있다. 디다케는 교회의 세례, 성찬식, 헌금, 교회 직분자, 권징등에 대해서 설명하고 있다. 특히 세례와 성찬식에 대해서 초대교회에서 행했던 성례식을 오늘날에 도 재현할 수 있도록 상세히 설명하였다. 이 설명은 디다케의 중요성을 현대의 독자들이 더 잘 알 수 있도록 도와 준다. 그리고 한국교회에

널리 적용이 되고 있는 주일 성수를 중심으로 한 교회중심 생활을 디다케(14, 16) 역시 강조하고 있다.

셋째는 디다케는 기도와 금식생활을 통한 영성을 강조하고 있다. 하루에 세 번의 기도와 일주일에 이틀의 금식, 그리고 세례 이전의 금식 등은 디다케 시대의 영성 훈련이다. 인간의 지성이 지배하는 현대 사회에서도 기독교의 영성은 결코 무시되어서는 안 된다. 그래서 오늘날에도 교회와 개인의 영성 개발은 중요하며 이를 위하여 기도와 금식은 계속되어져야 한다.

마지막으로 디다케는 교회의 지역사회 개발 참여를 강조하고 있다. 지역사회개발은 물리적개발, 사회적개발, 지적개발, 영적인 개발로 나눌 수 있다. 디다케의 구제는 오늘날의 교회의 지역개발사역 참여를 의미한다. 디다케는 가난한자에 대한 연민의 결핍을 '죽음의 길'에 해당되는 목록에 수록하였다. 이처럼 교회의 지역사회 개발은 초대 교회 활동의 한 부분이었다.

이 책이 한국에서 주님의 교회를 건설하는데 유용하게 사용되기를 바란다. 이 디다케가 초대교회에서 행했던 것처럼 오늘날의 교인들에게 신앙 생활 교육을 위한 교재로 활용이 되어서 한국교회가 계속 개혁이 되어지고 부흥이 되기를 희망한다. 그리고 더 많은 전도자들이 이방인들을 위해서 복음을 전하기를 바란다.

여기에 사용된 디다케의 본문은 라이트풋트 편집본이다. 디다케를 재발견하고 번역할 수 있었던 것은 하나님, 예수님 그리고 성령님의 특별하신 사랑, 은혜 그리고 인도하심으로 가능하였기에 찬양과 감사를 드린다. 저희들의 사역을 위하여 재정, 기도 그리고 사랑으로 후원하여 주신 모든 교회와 특히 고신선교부에 감사드린다. 출판의 전 과정에서 수고하여 주신 엘도론출판사 배용하 사장님과 온 직원들에게 감사드린다. 그리고 아내(김순희)와 세 아이들(태회, 하은, 하영)에게 감사한다.

　　하나님에게 모든 영광과 찬양과 감사를 드린다.

아프리카의 최 남단 희망봉이 있는 곳에서

2009년 6월 3일 수요일

김 재 수

서론

예루 살렘 수도원

콘스탄티노플은 네 구역으로 나누어지는데 이 중에 '파나'라고 불리는 한 구역에는 기독교 성인묘역5)이 있으며 여기에는 예루살렘 수도원이 있다. 이 수도원은 이 파나 지역에 있는 여러 헬라 건물 가운데 하나이다. 이 수도원은 예루살렘의 총 대주교에 속한 건물로서 예루살렘에 거주하는 총 대주교가 터키의 수도를 방문할 때 묵는 숙소로 사용되었다. 이 구역에는 콘스탄티노플의 총 대주교가 시무하는 교회당과 관사가 있으며 또한 그의 구역의 주교들의 관사들이 있다. 예루살렘 수도원 안의 기도처와 그 주위 환경은 비교적 한적하고 외로운 곳이며, 별로 화려하지 않고 필요한 시설들만 갖추고 있지만, 이곳은 많은 역사적 사건들과 관련이 있다.

이곳에 오면 사람들은 예루살렘의 다락방을 먼저 떠올린다. 성인묘역은 많은 기독교 역사의 중요 사건들과 관련이 있다. 오순절, 기독교의 모교회인 예루살렘교회, 십자가 처형을 이용한 마지막 박해자와 십자가 종교 즉 기독교를 처음으로 보호한 옹호자, 국가와 교회의 관계 설정, 새로운 로마제국 건설과 이탈리아의 티베르 강에서 아름다운 터키의 보스포루서 해변까지 제국의 확장, 성육신과 삼위일체에 대한 교리논쟁, 교회공의회, 주교와 교황의 충돌, 필리오케 논쟁과 교황의 수위권, 동교회(그리스 동방교회)와 서교회(로마 교회)의 분열, 십자군, 콘스탄티노플의 멸망, 동방교회의 오랜 침묵과 핍박, 문예부흥과 종교개혁 등과

5) the Most Holy Sepulchre 을 번역함.

같은 것들이 그것이다.

성인묘역의 수도원은 동방기독교가 이룩한 하나의 예술이다. 이 사원에는 성인들의 유골과 유품들이 있다. 이곳은 더 좋은 미래를 향하여서는 애통하지만, 멸망이 있어야 한다며 강하게 설득했던 곳이기도 하다. (Schaff 1885:1–2)

기독교 역사에 있어서 중요한 하나의 문헌

예루살렘수도원은 대부분의 수도회처럼 도서관을 가지고 있었다. 도서관은 주로 작은 돌 방이며 다른 건물과 연결 된다. 두 개의 매우 강한 빗장이 걸린 창문을 통해 아주 약한 햇빛이 들어온다. 도서관 입구는 성화로 장식되었다. 이 도서관은 4세기부터 6세기까지의 수천 개의 사본을 소장하고 있는데 그것들의 가치는 무한하다.

이 장서들 가운데 오늘날 예루살렘 사본이라고 불리는 고대 사본이 있었다. 이는 한 권의 검은 가죽으로 제본 되었다. 그리고 잘 보관된 양피지 위에는 제본한 사람에 의해서 작지만 분명하게 기록된 글씨도 있었다. 이 장서는 양피지 120장으로 되었는데, 작은 8절지 크기(8인치X6인치) 크기로는 240면이 된다. 이 장서는 7개의 문헌을 포함하고 있는데 이 중에 4개는 아주 중요한 문서들이다. (Schaff 1885:2)

그 문서들은 다음과 같다. (Hitchcock & Brown 1885:XII–XII) 마지막은 문서라기보다는 서명이 있는 부분이다.

1. 크리소스톰의 구약과 신약의 개요. (Synopsis of the Old and New

Testaments, by St. Chrysostom) (폴리오[6] 1-32)

2. 바나바의 서신. (The Epistle of Barnabas) (폴리오 33-51b).

3. 로마의 클레멘트의 고린도전서. (The first Epistle of Clement to the Corinthians) (폴리오 51b-70a)

4. 로마의 클레멘트의 고린도후서. (The second Epistle of Clement to the Corinthians) (폴리오 70a-76a)

5. 12사도들의 가르침. (The Teaching of the Twelve Apostles) (폴리오 76a-80)

6. 익나시우에게 보내는 카소볼리의 매리서신. (The Epistle of Mary of Cassoboli to Ignatius) (폴리오 81-82a)

7. 익나시우스의 12서신들. (Twelve Epistles of Ignatius) (폴리오 82a-120a)

8. 서명(폴리오 120a): 여기에 "6564년[7] 6월 11일 주중 삼일 째 날인 화요일 서기관이며 죄인인 Leon의 손으로 마치다"란 문구가 있었다. 요셉의 족보(폴리오 120a, b)

예루살렘사본은 800여 년 동안 세상으로부터 감추어져 있었다. 예루살렘수도원 도서관이 세 번(1845, 1856, 1858) 조사되었지만, 검사관들은 이를 발견하지 못하였다. 이 디다케를 포함한 사본을 발견한 사람은 1873년 필로데오스 브리엔니오스^{Philotheos Bryennios}였다. 브리엔니오스는 당대 최고의 학자였다. 1883년에 디다케를 발견 한지 10년 후에 브리엔니오스는 콘스탄티노플에서 서론과 주해와 함께 이 사본을 출판하였고

---

6) 양피지 장 수를 말함. 1폴리오는 1면을 의미하기도 함.

7) 헬라에서의 창조년도는 주전 5508년도이다. 따라서 6564년도란 창세후 6564를 의미하고 이는 주후 1056년도이다. (6564-5508=1056)

1884년도에 처음 독일어 역본과 영어 역본이 출간되었다. 1887년 브리엔니오스가 발견한 사본은 예루살렘으로 옮겨져서 지금까지 보관되어 오고 있다. (Niederwimmer 1998:19)

필로데오스 브리엔니오스Philotheos Bryennios

니고미디아 대 주교인 필로데오스 브리엔니오스는 1833년 콘스탄티노플의 한 가난한 농부의 아들로서 태어났다. 그는 타타울라 초등학교를 졸업했다. 타타울라는 콘스탄티노플의 한 외곽지대였으며 여기에는 당시에 약 일만여 명의 그리스 정교회 사람이 살고 있었다. 그는 가난 때문에 사는 지역의 성 데메트리우스 교회에서 음악을 인도하는 일을 해서 스스로 학비를 마련했다. 그는 사이쥐쿠수 대 주교로부터(후에 이는 콘스탄티노플로 변경됨) 후원을 받을 때까지 이 일로 생활을 영위했다. 그는 그 주교의 후원으로 '칼스'라는 섬에 있는 신학교에 입학했다. 그 신학교는 그리스도의 위대한 교회의 '칼스신학교'라고 알려졌다.

그는 신학교를 졸업한 후에 부제로서 안수받고 그 신학교의 강사가 되었다. 그는 다시 그 주교의 도움으로 독일로 건너가서 1856년도까지 수학하였다. 그는 독일의 라이프치히, 베를린, 뮌헨 등에서 신학과 철학을 수학하였다. 1861년 그는 콘스탄티노플로부터 청빙을 받아서 사이 쥐쿠스에서 봉사하다가 후에 콘스탄티노플로 이동하였다. 후에 그는 모교에서 교회사, 주석 등을 담당하는 교수가 되었다.

1863년 그는 목사로서 안수를 받았고 그리고 콘스탄티노플의 교회연합회의 명예 위원장이 되었다. 그리고 모교 은사의 뒤를 이어서 교장이 되었다. 그러나 얼마 되지 않아서 그를 후원하던 주교가 퇴임하자 그역시 교장직에서 사임하여 학과장으로서 봉사하였다. 그는 다시 콘스탄티노플로 청빙을 받아 1867년도에 파나에 있는 '그리스 국립학교'의 교장으로서 그리고 교수로서 봉사하였다. 이 학교는 1457년도에 세워졌는데 동방에 있는 많은 그리스 인재들을 양성하였다. 브리엔니오스는 여기서 7년간 봉사하였다.

1875년 8월에 교회는 브리엔니오스를 두 번째로 독일로 보냈다. 그는 여기서 회의에 참석하며 학자들과 교제를 나누는 동안에 교회가 그를 마케도니아 세례의 주교로 임명했다는 소식을 들었다. 그는 콘스탄티노플로 돌아와서 세례의 대주교로서 위임을 받고 1875년 12월에 세례로 출발하였다. 1877년에 그는 니고데미아의 주교로 이동하여 1877년 10월부터 1884년 10월까지 봉사하였다. 그는 1880년 아텐대학에서 박사학위를 취득하였고 1884년에 영국 에든버러 대학에서 명예박사학위를 취득하였다. 그는 1875년도에 클레멘트의 고린도전후서를 출간하였고 1883년도에 디다케를 출간하였다. (Schaff 1885:289-291)

연대

디다케 문헌 자체에는 그 문헌이 기록된 연대에 대해서 직접적으로 언급하고 있지 않다. 그래서 디다케와 초기 기독교 문헌과의 비교는 디다케의 연대를 추정하는 데 있어서 아주 중요하다. 그 결과 디다케에 대해서 여러 가지 많은 이설 때문에 하나의 일치된 견해는 없다. 대신에 디다케의 연대는 주후 50년으로부터 주후 3세기 혹은 그 후대까지라고 광범위하게 주장되고 있다. 이 연대는 다음과 같은 이유로 주장이 되었다.

첫째로 디다케가 초대교회 문헌 가운데 특히 바나바의 서신으로부터 영향을 받았다고 하는 가설에서 생겨난 연대이다. 바나바서신의 연대는 주후 70년 이후와 135년 이전에 기록이 되었다고 일반적으로 알려졌다. 1883년 브리엔니오스는 디다케는 바나바의 서신과 헬마스 목자들보다 후대에 기록된 것으로, 주후 120~160년 사이에 디다케가 기록되었다고 주장한다. (Schaff 1885:123) 하르낙[Harnack]도 1884년에 같은 이유로 주후 120~165년 사이에 디다케가 기록이 되었다고 주장한다. (Jefford 1989:7; Schaff 1885:123)

1884년 크라우쭈키[Krawutzcky]와 1899년 힐겐필드[Hilgenfeld]도 역시 디다케가 바나바 서신의 영향을 받았다고 주장하면서 각각 2세기 중엽, 주후 120~160년 사이로 보았다. (Jefford 1989:7) 특히 힐겐필드는 디다케에서 2세기 중엽의 몬타니즘의 요소들이 있다고 주장하고 있다. 하르낙의 연구가 기초가 되어서 독일의 학자들은 비헬라 문헌과 디다케를 비교 연구하게 되었지만 디다케의 연대에 대해서는 괄목할 만한 연구들이 아니었다. (Jefford 1989:7)

둘째로 디다케가 주로 신약의 영향을 받았다고 하는 가설에서 추정된 연대이다. 디다케를 신약성경과 비교하여 연대를 추정한 학자들도 있다. 볼헨버그[Wohlenberg]는 1888년 디다케는 바울서신을 포함하여 신약의 영향을 받았다고 하면서 디다케의 연도를 주후 100~100년대로 보고있다. (Jefford 1989:9) 드류스[Drews] 역시 1904년도에 디다케 16장은 마가복음 13장과 함께 유대 묵시문학의 영향을 받았으며, 또한 마태복음 10과 24의 영향을 받았기에 디다케의 연대는 적어도 복음서 후대라고 주장했다. (Jefford 1989:7) 디다케에 대한 최초의 영어학자 파라[Farrar]는 1884년에 디다케가 복음서의 영향을 받았으므로 연대는 하르낙의 주장과 비슷하다고 주장했다. (Jefford 1989:11) 쉬넬레(Schnelle 1998:355)는 디다케에 나타나는 복음이란 단어는(8.2; 11.3; 15.3, 4) 마태복음서를 의미하기에 디다케의 기록연도는 주후 110년이라고 주장했다.

셋째로 디다케가 신약성경이나 헬라 교부들보다는 다른 유대인의 문헌 혹은 구전전승의 영향을 받았다는 가설에서 추정된 연대이다. 리이트풋트(Ligthfoot 1956:121-22)는 디다케의 언어와 주제들을 고려하였다. 담임 목회자들보다는 순회예언자들의 활동, 감독제도가 일반화되지 않음을 암시하는 감독과 집사 용어를 사용, 성찬식과 사랑의 교제, 교회의 유아기를 의미하는 실천을 위한 제언들은 일세기 혹은 2세기 초에 디다케가 편집되었음을 의미한다고 주장하였다. 크레이스트(Kleist 1957:5-6)도 디다케는 바나바 서신의 영향을 받았고 라이트풋트와 비슷하게 디다케는 교회의 초기시대를 내포하고 있으므로 1세기 말에 편집되었다고 주장한다.

디다케와 바나바 서신이 상호독립문서라는 것이 학계에서 인정을 받기 시작하자 오뎃Audet은 1952년에 디다케의 본문을 복음서와 비교하여 역시 상호 독립성을 발견하였다. 그리고 디다케와 쿰란에서 발견되는 문서들과의 비교에서 이 둘의 문학적인 면과 교리적인 면의 유사성으로 보아, 디다케는 복음서와는 상관없이 유대배경에서 이해할 수 있다고 주장했다. 특히 디다케에 나타나는 '두 길'사상은 이방인들을 위한 유대 교리 지침서라고 주장한다. 그에 의하면 디다케와 바나바 서신은 이 지침서를 사용하였다. 따라서 디다케와 바나바서신은 하나의 유대적인 교리 지침서이며 각 저자의 목적에 따라서 기록이 되어서 서로 영향을 받은 것은 아니라고 주장하는데, 학자들은 이를 수용하고 있다. 그리하여 디다케의 편집연대는 안디옥에서 복음서가 기록되기 전인 주후 50~70년대라고 주장한다. (Jefford 1989:5; van de Sandt & Flusser 2002:48)

　초기 기록설을 주장하는 사람들의 의견은 다음과 같다. 그들은 주후 50년에 있었던 사도들의 공의회(행 15:28)의 결과라고 하기도 한다. 그 이유는 디다케가 사도들의 결정과 매우 비슷하며 디다케가 아주 초창기의 교회 시대를 보여주고 있기 때문이다. 성찬식에는 '그리스도의 몸과 피'라는 용어를 사용하지 않고 있다. 따라서 학자들은 디다케의 원본은 주후 60년대에 이미 사용이 되고 있었으며 그후 3세기까지 수정이 되고 첨가되었다고 한다. 디다케는 교회에서 사용금지가 된 문서는 결코 아니었다. 다만, 정경은 아니었다.

　디다케가 바나바 서신 이전에 편집되었다는 이들과는 달리, 펑크Funk는 1884년에 디다케는 바나바 서신 이전에 기록되었으며 또한 헬겐이 말한 몬타니즘 요소가 디다케에서는 나타나지 않는다고 주장하며 1세기에 기록 되었다고 한다. (Jefford 1989:8) 역시 샤프(Shaff 1885:122)는 디다케가 오히려 바나바 서신과 복음서보다 더 일찍 기록되었으며 연대는 주후 90~100년 사이라고 했다. 위의 소위 전통적인 주장들과 다른 새로운 연구가 있었다. 쾨스터 Koster는 구전으로 내려오는 자료들의 영향을 받았다고 주장하면서 1세기 말과 2세기 초에 디다케가 작성 되었다고 봤다. (Jefford 1989:7) 이 와는 달리 밀라벡(Milavec 2004:ix)은 바울의 선교시대에 바울과 같은 서신의 형태로 기록이 되었다고 했다.

　드레이프(Draper 1985:269)에 의하면 디다케는 교회의 초기 발전 단계를 설명하고 있다. 초창기 시대 교회의 상황에 대해서 많은 의문을 제기하지만 디다케에 나타난 교회는 신약 교회와 대부분 일치한다. 아다나시우스는 새로운 신자들이 읽어야 할 책이라고 지정하면서 1세기 말

이전에 기록이 되었다고 했다.

이처럼 디다케의 연대는 아주 다양하다. 이에 대해서 두 의견이 대립이 되고 있다. 하나는 디다케가 주후 100년경에 기록이 되었다고 하는 주장과, (Draper 1985:284; van de Sandt & Flusser 2002:48) 다른 하나는 70년 이전에 즉 상당히 일찍이 기록이 되었다는 주장이다. (Mila- vec 2004:ix)

장소

디다케는 기록된 장소에 대해서도 직접적인 정보를 제공하지는 않는다. 디다케의 연대와 같이 장소에 대해서도 학자마다 의견이 다양하여, 이집트, 팔레스타인, 소아시아 등이 거론되지만 확정된 것은 없다.

콥틱 사본, 파피루스 옥시린쿠스와 알렉사드리아의 클레멘트의 서신, 바바나 서신 등과의 관련으로 말미암아 디다케가 이집트에서 기록이 되 었다고 한다. 하르낙을 비롯한 많은 학자 역시 이집트 설을 주장하고 있 다. 니더빔머(Niederwimmer 1998:52-54; 134-138, 149-152.)는 디다케에 나타나는 용어 '빵'이란 단어가 이집트 예배학의 자료들로부터 전래한 것이며 주기도문 8:2와 마태복음의 사히딕 번역본 6:13이 대응 되기에 이집트에서 디다케가 생산 되었다고 주장하기도 한다.

팔레스타인이라고 주장하는 학자들은 주로 영국학자들이다. 샤프(Schaff 1885:123-125)는 디다케의 장소로서 이집트 설을 부인한다. 디다케 9:4에 나타나는 '언덕'(혹은 산이라고 번역이 되기도 함)은 나일 강 지역에는 없으며, 디다케 7:2에 나타나는 따뜻한 물로 인한 세례는 역시 추운 나일 강 물과는 비교할 수 없기 때문이다. 그는 또한 디다케는 팔레스타인지역에서 기록된 마태복음서를 이용했기에 디다케의 팔레스타인설을 주장하고 있다. 팔레스타인이라고 주장하는 학자들은 디다케에 바울의 가르침이 없는 것을 그 이유로 말한다. 혹은 시리아-팔레스타인 지역이라고 추정하기도 한다.

크로산(Crossan 1999:372-373)은 도시지역에서라기보다는 지방에서 기록이 되었다고 본다. 크로산은 로도프와 툴러의 주장을 지지한다. 프랑스의 대표학자들인 그들에 의하면 디다케는 북팔레스타인 혹은 시리아에서 기록이 되었고 안디옥의 수도에서는 디다케가 편집되지 않았다. 크로산에 의하면 디다케는 도시에 있는 회심한 공동체에 주어진 것이며, 시리아나 팔레스타인 지역에서 회심한 도시환경을 내포하고 있다. 이와는 달리 독일학자인 니더빔머는 디다케가 안디옥은 아니지만, 도시환경 속에서 기록되었다고 주장한다. 크로산은 첫 열매(디다케 13:3~7)가 도시에 거주하는 지주들을 지칭한다고 한다.

이들과는 달리 제포드(Jefford 2005:37-38)는 디다케의 장소를 안디옥으로 주장하고 있다. 그는 마태복음서 역시 안디옥에서 기록이 되었다고 한다. 그는 학자들이 디다케와 마태복음서가 상호영향을 받았다고 하는 것을 받아들인다면 디다케의 기록 장소는 북부 이집트와 소아시아와 시리아 지역 사이에서 작성되었다고 하는 데 있어서 공통된 의견을 가지고 있다. (Jefford 2005:47)

저자

12사도들이란 용어 때문에 디다케의 저자가 사도들로 생각될 수 있지 만, 저자에 대해서는 많은 논란이 있다. 샤프(Shaff 1885:125-127)는 저자는 유대 기독교인이라고 주장한다. 나아가서 저자가 사도들의 동료 가 아니면 제자들로서 마태나 야고보 학파에 속한다고 한다. 저자에 대 해서 바울과는 관계가 거의 없다. 바울은 자신이 저자임을 항상 밝혔기 때문에 디다케의 준비의 날, 주기도문, 부정한 음식 등의 어휘와 문체를 고려하면 저자는 유대 기독교인이다. 어떤 이는 예루살렘의 감독 시므 온이 주위에 있는 이방인들의 위한 규범서로 주후 80~90년 사이에 기 록하였다고 주장하기도 한다.(Shaff 1885:127) 그러나 학자 대부분은 디다케는 이미 존재하고 있던 자료들을 공동체 를 위해서 여러 사람이 몇 차례의 과정을 거쳐서 편집한 것으로 생각한 다. 이에 대해서, 밀라벡(Milavec 2003)은 디다케는 처음 부분부터 끝 부분까지 통일성을 가지는 구술을 통한 개적인 훈련 규범서라고 주장하 기도 한다.

디다케의 진정성

디다케는 결코 위조문서가 아니다. 디다케는 초대 문헌에서 언급되었던 중요한 문서이다. 알란은 디다케에 대해서 다음과 같이 설명하고 있다.

신약에서 사도행전 2:42에 '사도들의 가르침'이 언급이 되었고 사도행전 17:19에 '새로운 가르침'이라고 언급하고 있다. 디도서 1:9와 로마서 6:17에서 바울의 '가르침'을 언급하고 있다. 5~6세기 교부들의 글에서 종종 '가르침' 혹은 '사도들의 가르침'이란 용어가 발견되는 것으로 보아서 이 '가르침'에 대한 문헌이 있던 것으로 알려졌다. 이에 대해서 1664년 로마 가톨릭의 대주교 어셔가 만약에 새로운 문헌이 발견된다면 그것은 속사도들이 인용한 간단하고 실제적인 문헌이 될 것이라고 주장한 바있다. 디다케가 이들이 말한 '가르침'의 원본인지의 결정은 쉽지가 않다. 바나바서신, 교회 정경들, 그리고 사도헌장은 정경 이외의 문헌으로서 아주 중요한 자료들이다. 디다케가 발견되기 2년 전 로마 천주교 학자 크론츠기Krawntzcky는 이 세 문서를 이용하여 가상의 '가르침'을 재구성 편집하였다. 그런데 이 재구성 된 것이 디다케의 첫 부분 과 거의 비슷하다. (Allen 1903:14)

알란(Allen 1903)이 말한 것처럼 많은 교부가 디다케를 언급하였다. 이레니우스는 "사도들의 제2 헌장을 받아들여서 실천하는 사람은 주님께서 말라기(1:11, 14)에 근거하여서 새 계명 안에서 새로운 헌금제도를 확립하신 것을 알고 있다"라고 말하였다. 여기에 나타나는 '사도들의 제2헌장'은 속사도들의 산물로서 아마도 디다케 일 수도 있다고 샤프는 추론하였다. (Shaff 1885:115) 이 말라기는 디다케 14:3에 인용이 되어 나타난다.

알렉산드리아의 클레멘트는(주후 216년 서거) 디다케란 이름을 사용하는 대신에 이를 지칭하는 단어로서 '성경'이란 용어를 사용하였다. 이는 그가 종종 인용한 바나바서신과 헬마스 목자처럼 광범위한 의미에서 영감으로 기록된 책으로 간주하였다. 그는 사도들이 언급하였고 그리고 복음서와 선지서에서 말한 '두 길'을 말할 때 디다케를 언급하였다. 그 러나 오리겐은 한 번도 디다케를 언급한 적이 없다. (샤프 1885:114-5) 유세비우스는(주후 340년 서거) 『사도들의 소위 가르침들』이란 그의 저서의 제목에서 처음으로 디다케란 용어를 사용하였고 12사도가 아닌 사도들이란 용어를 사용하였으며, 가르침들이란 복수를 사용하였다.

알렉산드리아의 감독 아타나시우는(주후 373년 서거) 디다케는 정경이 아니지만 가르치기에 아주 유용한 책으로 분류하였다. 이외에도 디다케가 언급이 되다가 마지막으로 언급한 사람은 9세기 콘스탄티노플의 주교 나이세파러스였다. 그는 디다케를 하나의 신약의 외경으로 간주하였다. 이후에 디다케는 언급이 없다가 1873년에 새로이 역사의 무대에 등장하였다. (Shaff 1885:118)

디다케의 중요성

디다케는 성경 다음으로 중요한 문서라고 할수 있다. 위에서 본 바대로 알렉산드리아의 클레멘트는 정경은 아니지만 '성경'이라고 언급도 하였다. 디다케의 중요성은 다음과 같이 요약될 수 있다.

교회사적인 면에서 주후 70년과 150년 사이는 교회사에 있어서 문헌과 정보의 부족으로 암흑의 세계라고 한다. 디다케는 물론 초대교회의 초기 발전단계에 대해서 간략하게 기술하였지만, 이는 자료부족으로 말미암은 암흑시대에 있었던 초대 교회의 정보를 제공하여 주는 아주 중요한 문서이다.

선교적인 면에서 디다케는 선교 규범서이다. 디다케는 주님의 선교명령을 수행하는 데 있어서 최선의 방법을 제시하고 있다. 그래서 디다케는 마태복음 28:18~20의 확장이라고도 평가받는다. 디다케는 12사도들이 이방인들에게 가르칠 구체적인 내용을 포함하고 있다. 제자를 만드는 기준(디다케 1~6), 세례받는 방법(디다케 7), 주님께서 제자들에게 주신 지켜야 할 규칙(디다케 8~15) 그리고 마지막 때 오시는 예수님(

디다케 16)이 포함되었다.

신학적인 면에서 디다케는 이론신학적이라기보다는 실천신학적이다. 디다케는 무엇을 믿을 것인가에 대해서가 아니라 어떻게 믿고 살아가야 할 것인가에 대해서 기록하였다. 그리고 성경에서 마태복음 이외에 기록이 되지 않은 삼위 하나님과 세례와의 관계가 언급되었다.

실천신학적인 면에서 디다케는 개인신앙생활과 교회생활을 위한 기본 수칙을 기록한 교회 규범서이다. 디다케는 초대교회의 도덕적인 생활, 세례, 성찬식, 개 교회의 조직과 질서, 주일 성수, 새로운 헌금제도 등을 수록한 교회의 규범서이다. 특히 예배학적인 면에서 세례와 성찬식에 대한 설명은 아주 유익한 것이다.

정경과 관계

디다케가 정경이 아니라는 데 대해서는 학자들 사이에 논쟁이 없다. 그러나 디다케와 성경과의 관련에 대해서는 여전히 많은 문제점이 남아 있다. 디다케가 마태와 누가가 기록된 이후에 기록이 되었다는 가정 하에서 디다케는 이두 권으로부터 영향을 받았다는 생각이 전통적이다. 그러나 디다케에 '복음'이란 말이 세번 나타나는 데 이것이 기록된 복음서를 의미하는지 아니면 구전된 복음을 의미하는지는 분명하지가 않다. 디다케와 마태복음의 관계에 대해서, 일반적으로 학자들은 두 문헌에서 비슷한 어휘, 문장, 동기들을 비교한 결과, 이두 문서는 하나의 공통 자료로부터 영향을 받았다고 말하고 있다. 혹은 같은 지형적·문화적인 상황 속에서 두 문헌이 기록이 되었다고 한다. 발라반스키(Bala-banski 1997:195-197)는 디다케 16장과 마태복음 24장을 비교한 이후에 이 두 문헌은 하나의 공통자료를 사용하였다고 결론지었다. 이

와는 달리 펄헤이든(Verheyden 2005:214-215)은 마태복음의 종말강화 (마24장)가 디다케 16장의 자료로 사용되었다고 주장한다.

이와는 달리 밀라벡(Milavec 2003:VII-VIII)은 디다케는 일세기 중반에 기록된 문서로서 복음서로부터 전혀 영향을 받지 않은 독자적인 문서라고 주장한다. 예로서 그는 마태복음 18:15~18에 나타나는 권징 부분을 들었다. 마태복음서에는 두세 사람이 가서 먼저 말하고 듣지 않으면 교회가 가서 말하라고 한다. 그러나 디다케에서는 그가 화해하지 않으면, 너는 그와 함께 하지 말 것을 말한다. 이는 마태복음과 디다케가 서로 영향을 받지 않았다는 증거이다.(Milavec 2003:80-81)

결론으로 디다케와 복음서 관계에 대해서는 디다케가 복음서(마태복음)로부터 영향을 받았는지 아니면 (마태)복음서가 디다케로부터 영향을 받았는지 아니면 이두 문서가 공통자료로부터 영향을 받았는지 아니면 이두 문서가 완전히 독립적인지에 대해서는 분명하지가 않다.

내용

디다케는 갈라디아서 크기의 문헌이다. 총 16장으로 구성이 되었다. 상세한 분해8는 다음과 같다.

제 1 부 두 길 (1.1~6.3)

제 1 장 생명의 길: 제 일 계명

1.1. 서론: 주제 소개 (1.1)
1.2. 생명의 길 (1:2~1:6) 4:14)

---

8) 아들을 의미하는 헬라어

제 4 부 종말 (16:1~8)

제 16장 예수님 재림

| 헬라어 일러두기 | 가나다순

1 .... 일인칭	미 .... 미래시제	원 .... 원급
2 .... 이인칭	미래완 ..... 미래완료시제	의대 .... 의문대명사
3 .... 삼인칭	미완 ....미완료시제	의형 .... 의문형용사
가 .... 가정법	미정 .... 미결정된 격	이 .... 이중태(수동태/중간태)
감 .... 감탄사	보 ....보통명사	인대 ....인칭대명사
강대 .... 강조대명사	보형 .... 보통형용사	재대 ....재귀대명사
강형 .... 강조형용사	복 .... 복수	접 .... 접속사
계 .... 계사	부 .... 부사	정 .... 부정사
고 ....고유명사	부과 ...... 부정과거시제	종접 .... 종속접속사
과완 ...... 과거완료시제	부대 ....부정대명사	주 .... 주격
관대 ....관계대명사	부형 .... 부정형용사	중간 .... 중간태
기형 .... 기수	분 .... 분사	지대 ....지시대명사
남 .... 남성	불 ....불변명사	지형 .... 지시형용사
녀 ....여성능	비 .... 비교급	직 .... 직설법
능동태 단 .... 단수	상대 .... 상호대명사	최 .... 최상급
대 .... 대격	서형 .... 서수	현 ....현재시제
대 .... 대격	소형 .... 소유형용사	형 .... 형용사
대명 .... 대명사	속 .... 속격	호 .... 호격
동 .... 동사	수 ....수동태	희 .... 희구법
등접 .... 등위접속사	수형 .... 수량형용사	
령 .... 명령법	여 .... 여격	
명 .... 명사	완 ....완료시제	

제1부
두 길

제1장

생명의 길: 제 일 계명

1

Didache

Did 1:1   Ὁδοὶ δύο εἰσί μία τῆς ζωῆς καί μία τοῦ θανάτου διαφορὰ δὲ πολλὴ μεταξὺ τῶν δύο ὁδῶν

두 종류의 길이 있습니다. 그러나 이 두 길의 차이는 큽니다. 한 길은 생명의 길이고 다른 길은 죽음의 길입니다.

Ὁδοὶ (명, 주, 녀, 복, 보) ὁδός 길, 방식, 가르침

δύο (기형, 주, 녀, 복, 원) δύο 둘

εἰσί (동, 직, 현, 능, 3, 복) εἰσί 이다, 있다

μία (기형, 주, 녀, 단, 원) εἷς 하나

τῆς (관, 속, 녀, 단) ὁ 그

ζωῆς (명, 속, 녀, 단, 보) ζωή 생명

καὶ (등접) καί 그리고

μία (기형, 주, 녀, 단, 원) εἷς 하나

τοῦ (관, 속, 남, 단) ὁ 그

θανάτου (명, 속, 남, 단, 보) θάνατος 죽음

διαφορὰ (명, 주, 녀, 단, 보) διαφορά 차이, 다름

δὲ (등접) δέ 그러나

πολλὴ (보형, 주, 녀, 단, 원) πολύς 많은, 많이

μεταξὺ (부) μεταξύ 사이에

τῶν (관, 속, 녀, 단) ὁ 그

ὁδῶν (명, 속, 녀, 복, 보) ὁδός 길, 방식, 가르침

Didache

Did 1:2   Ἡ μὲν οὖν ὁδὸς τῆς ζωῆς ἐστιν αὕτη
πρῶτον ἀγαπήσεις τὸν θεὸν τὸν ποιήσαντά σε
δεύτερον τὸν πλησίον σου ὡς σεαυτόν πάντα
δὲ ὅσα ἐὰν θελήσῃς μὴ γίνεσθαί σοι καὶ σὺ
ἄλλῳ μὴ ποίει

이것이 생명의 길입니다. 첫째, 그대1)를 만드신 하나님을 사랑하고, 둘째, 그대의 이웃을 그대인 것처럼 사랑하십시오. 그러나 그대에게 행해지길 원하지 않는 것은 무엇이든지 다른 사람에게도 행하지 마십시오.

---

1) '너희' 또는 '당신'.

1:2

Ἡ (관, 주, 녀, 단) ὁ 그

μὲν (계) μέν 한편으로는

οὖν (등접) ου=ν 그러므로 μὲν οὖν 게다가, 혹은 번역 생략 가능

ὁδὸς (명, 주, 녀, 단, 보) ὁδός 길, 방식, 가르침

τῆς (관, 속, 녀, 단) ὁ 그

ζωῆς (명, 속, 녀, 단, 보) ζωή 생명

ἐστιν (동, 직, 현, 능, 3, 단) εἰμί 이다, 있다

αὕτη (지대, 주, 녀, 단) οὗτος 이것

πρῶτον (부)(서형, 대, 중, 단, 원) πρῶτος 첫째

ἀγαπήσεις (동, 직, 미, 능, 2, 단) ἀγαπάω 사랑하다

τὸν (관, 대, 남, 단) ὁ 그

θεὸν (명, 대, 남, 단, 보) θεός 하나님

ποιήσαντά (분, 부과, 능, 대, 남, 단) ποιέω 만들다

σε (인대, 대, 남, 단) σύ 너, 당신

δεύτερον (서형, 대, 중, 단, 원)(부) δεύτερος 둘째

πλησίον (부) πλησίον 가까이

σου (인대, 속, 남, 단) σύ 너, 당신

ὡς (부) ὡς 처럼, 같이

σεαυτόν (재대, 대, 남, 단) σεαυτοῦ 너 자신을

πάντα (부형, 대, 중, 복, 원) πᾶς 모든, 각각

δὲ (등접) δέ 그러나

ὅσα (관대, 대, 중, 복) ὅσος 처럼 크게, 만큼 많이

ἐὰν (계) ἐάν 만일

θελήσῃς (동, 가, 부과, 능, 2, 단) θέλω 원하다

μὴ (계) μή 아닌

γίνεσθαί (정, 현, 중간) γίνομαι 일어나다

σοι (인대, 여, 남, 단) σύ 너, 당신
καὶ (등접) καί 그리고
σὺ (인대, 주, 남, 단) σύ 너, 당신
ἄλλῳ (부형, 여, 남, 단, 원) ἀλλό 다른
μὴ (계) μή ~아닌
ποίει (동, 령, 현, 능, 2, 단) ποιέω 행하다

Didache

Did 1:3　Τούτων δέ τῶν λόγων ἡ διδαχή ἐστιν
αὕτη εὐλογεῖτε τοὺς καταρωμένους ὑμῖν καὶ
προσεύχεσθε ὑπὲρ τῶν ἐχθρῶν ὑμῶν νηστεύετε
δὲ ὑπὲρ τῶν διωκόντων ὑμᾶς ποία γὰρ χάρις
ἐὰν ἀγαπᾶτε τοὺς ἀγαπῶντας ὑμᾶς οὐχὶ καὶ τὰ
ἔθνη τὸ αὐτὸ ποιοῦσιν ὑμεῖς δὲ ἀγαπᾶτε τοὺς
μισοῦντας ὑμᾶς καὶ οὐχ ἕξετε ἐχθρόν

이 말씀의 가르침은 이렇습니다. 여러분을 저주하는 사람을 축복하고, 여러분
의 원수를 위해 기도하며, 여러분을 핍박하는 사람을 위해서는 금식하십시오.
여러분을 사랑하는 사람을 사랑한다면 그것이 무슨 사랑[2]입니까? 이방인들도
그렇게 하지 않습니까? 그러나 여러분은 여러분을 미워하는 사람들을 사랑하
십시오. 그러면 여러분에게 원수가 없을 것입니다.

---

2) "은혜입니까?" 혹은 "무슨 보상이 있습니까?"라고 의역이 가능하다.

Τούτων (지대, 속, 남, 복) οὗτος 이것

δέ (등접) δε, 그러나

τῶν (관, 속, 남, 복) ὁ 그

λόγων (명, 속, 남, 복, 보) λόγος 말씀

ἡ (관, 주, 녀, 단) ὁ 그

διδαχή (명, 주, 녀, 단, 보) διδαχή 가르침, 교훈

ἐστιν (동, 직, 현, 능, 3, 단) εἰμί 이다, 있다

αὕτη (지대, 주, 녀, 단) οὗτος 이것

εὐλογεῖτε (동, 령, 현, 능, 2, 복) εὐλογέω 축복하다

τοὺς (관, 대, 남, 복) ὁ 그

καταρωμένους (분, 현, 중간, 대, 남, 복) καταράομαι 저주하다

ὑμῖν (인대, 여, 남, 복) σύ 너, 당신

καὶ (등접) καί 그리고

προσεύχεσθε (동, 령, 현, 중간, 2, 복) προσεύχομαι 기도하다

ὑπὲρ (전, 속) ὑπέρ 위하여

ἐχθρῶν (보형, 속, 남, 복, 원) ἐχθρός 미워하는

ὑμῶν (인대, 속, 남, 복) συ, 너, 당신

νηστεύετε (동, 직, 현, 능, 2, 복) νηστεύω 금식하다

διωκόντων (분, 현, 능, 속, 남, 복) διώκω 핍박하다

ὑμᾶς (인대, 대, 남, 복) σύ 너, 당신

ποία (의형, 주, 녀, 단, 원) ποῖος 무엇, 무슨 종류

γὰρ (등접) γάρ 왜냐하면

χάρις (명, 주, 녀, 단, 보) χάρις 호의, 친절, 은혜

ἐάν (종접) ἐάν 만일

ἀγαπᾶτε (동, 가, 현, 능, 2, 복) ἀγαπάω 사랑하다

τοὺς (관, 대, 남, 복) ὁ 그

1:3

ἀγαπῶντας (분, 현, 능, 대, 남, 복) ἀγαπάω 사랑하다

οὐχὶ (부) οὐχί 아닌

καὶ (부) καί 그리고

τὰ (관, 주, 중, 복) ὁ 그

ἔθνη (명, 주, 중, 복, 보) ἔθνος 이방인, 민족, 사람

τὸ (관, 대, 중, 단) ὁ 그

αὐτὸ (인대, 대, 중, 단) αὐτός 같은 것 τὸ αὐτὸ 같은 것

ποιοῦσιν (동, 직, 현, 능, 3, 복) ποιέω 행하다

ὑμεῖς (인대, 주, 남, 복) σύ 너, 당신

δὲ (등접) δέ 그러나

ἀγαπᾶτε (동, 령, 현, 능, 2, 복) ἀγαπάω 사랑하다

μισοῦντας (분, 현, 능, 대, 남, 복) μισέω 미워하다

ὑμᾶ (인대, 대, 남, 복) σύ 너, 당신

οὐχ (부) οὐ 아닌

ἕξετε (동, 직, 미, 능, 2, 복) ἔχω 가지다

ἐχθρόν (보형, 대, 중, 단, 원) ἐχθρός 미워하는

Didache

Did 1:4   ἀπέχου τῶν σαρκικῶν καὶ σωματικῶν
ἐπιθυμιῶν ἐάν τίς σοι δῷ ῥάπισμα εἰς τὴν
δεξιὰν σιαγόνα στρέψον αὐτῷ καὶ τὴν ἄλλην
καὶ ἔσῃ τέλειος ἐὰν ἀγγαρεύσῃ σέ τις μίλιον
ἓν ὕπαγε μετ' αὐτοῦ δύο ἐὰν ἄρῃ τις τὸ
ἱμάτιόν σου δὸς αὐτῷ καὶ τὸν χιτῶνα ἐὰν
λάβῃ τις ἀπὸ σοῦ τὸ σόν μὴ ἀπαίτει οὐδὲ γὰρ
δύνασαι

그대는 물질적이며 육적인 정욕[3]들을 멀리 하십시오. 누가 그대의
오른 뺨을 때린다면, 그에게 다른 쪽도 돌려 대십시오. 그러면 그
대는 완전하게 될 것입니다. 누가 그대에게 1마일을 가도록 강요
하거든 그와 함께 2마일을 가십시오. 누가 그대의 외투를 빼앗거
든 그에게 속옷마저 주십시오. 누가 그대에게서 그대의 것을 가져
가면 되돌려 달라고 하지 마십시오. 그대는 강도당하는 것을 막을
수 없기 때문입니다.[4]

---

3) 육신의 정욕, 혹은 색욕적이며 육적인 정욕이라고 번역이 가능하다.
4) 직역하면 "그대는 그렇게 할 수도 없기 때문입니다.": 여러분이 강도당하지 않도록 하십시
오. 강도당한 것이 무엇이든지 간에 여러분은 자신을 실제로 방어(보호)할 수 없습니다. 즉
강한자에게 항의하는 것은 아무 소용이 없습니다.

1:4

ἀπέχου (동, 령, 현, 중간, 2, 단) ἀπέχω 멀리하다

τῶν (관, 속, 녀, 단) ὁ 그

σαρκικῶν (보형, 속, 녀, 복, 원) σαρκικός 물질적인, 육체적인, 육감적인

καί (등접) καί 그리고

σωματικῶν (보형, 속, 녀, 복, 원) σωματικός 육체상의, 유형적인

ἐπιθυμιῶν (명, 속, 녀, 복, 보) ἐπιθυμία 욕구, 욕망

ἐάν (종접) ἐάν 만일

τίς (부대, 주, 남, 단) τὶς 누가

σοι (인대, 여, 남, 단) σύ 너, 당신

δῷ (동, 가, 부과, 능, 3, 단) δίδωμι 주다

ῥάπισμα (명, 대, 중, 단, 보) ῥάπισμα 강타, 구타, 손바닥으로 뺨을 때림

εἰς (전, 대) εἰς 향하여

τὴν (관, 대, 녀, 단) ὁ 그

δεξιὰν (보형, 대, 녀, 단, 원) δεξιός 오른쪽

σιαγόνα (명, 대, 녀, 단, 보) σιαγών 뺨

στρέψον (동, 명, 부과, 능, 2, 단) στρέφω 돌리다

αὐτῷ (인대, 여, 남, 단) αὐτός 그

ἄλλην (부형, 대, 녀, 단, 원) ἄλλος 다른

ἔσῃ (동, 직, 미, 중간, 2, 단) εἰμί 이다, 있다이다, 있다

τέλειος (보형, 주, 남, 단, 원) τέλειος 완전한

ἀγγαρεύσῃ (동, 가, 부과, 능, 3, 단) ἀγγαρεύω 강제요구하다, 요구하다, 징발하다

σέ (인대, 대, 남, 단) σύ 너, 당신

τις (부대, 주, 남, 단) τὶς 누가

μίλιον (명, 대, 중, 단, 보) μίλιον 로마시대의 마일 약 1478.5m

ἕν (기형, 대, 중, 단, 원) εἷς 하나

ὕπαγε (동, 령, 현, 능, 2, 단) ὑπάγω 가다

μετ᾿ (전, 속) μετά 함께

αὐτοῦ (인대, 속, 남, 단) αὐτός 그

δύο (기형, 주, 녀, 복, 원) δύο 둘

ἐάν (종접) ἐάν 만일

ἄρῃ (동, 가, 부과, 능, 3, 단) αἴρω 가져가다

τις (부대, 주, 남, 단) τίς 누가

τὸ (관, 대, 중, 단) ὁ 그

ἱμάτιόν (명, 대, 중, 단, 보) ἱμάτιον 겉옷, 외투, 옷

σου (인대, 속, 남, 단) σύ 너, 당신

δὸς (동, 명, 부과, 능, 2, 단) δίδωμι 주다

αὐτῷ (인대, 여, 남, 단) αὐτός 그

καὶ (부) καί 그리고

τὸν (관, 대, 남, 단) ὁ 그

χιτῶνα (명, 대, 남, 단, 보) χιτών 속옷

λάβῃ (동, 가, 부과, 능, 3, 단) λαμβάνω 가지다

τις (부대, 주, 남, 단) τὶς 누가

ἀπὸ (전, 속) ἀπό 부터

σοῦ (인대, 속, 남, 단) σύ 너, 당신

τὸ (관, 대, 중, 단) ὁ 그

σόν (소형, 대, 주, 남, 원) σός 당신의, 당신의 것

μὴ (계) μή ~아닌

ἀπαίτει (동, 령, 현, 능, 2, 단) ἀπαιτέω 요구하다

οὐδὲ (부) οὐδέ 아닌

γὰρ (등접) γάρ 왜냐하면

δύνασαι (동, 직, 현, 중간, 2, 단) δύναμαι 할수 있다

Didache

Did 1:5   παντὶ τῷ αἰτοῦντί σε δίδου καὶ μὴ
ἀπαίτει πᾶσι γὰρ θέλει δίδοσθαι ὁ πατὴρ ἐκ
τῶν ἰδίων χαρισμάτων μακάριος ὁ διδοὺς κατὰ
τὴν ἐντολήν ἀθῷος γάρ ἐστιν Οὐαὶ τῷ
λαμβάνοντι εἰ μὲν γὰρ χρείαν ἔχων λαμβάνει
τις ἀθῷος ἔσται ὁ δὲ μὴ χρείαν ἔχων δώσει
δίκην ἱνατί ἔλαβε καὶ εἰς τί ἐν συνοχῇ δὲ
γενόμενος ἐξετασθήσεται περὶ ὧν ἔπραξε καὶ
οὐκ ἐξελεύσεται ἐκεῖθεν μέχρὶ οὗ ἀποδῷ τὸν
ἔσχατον κοδράντην

그대에게 요구하는 모든 사람에게 주십시오. 그리고 되돌려 달라고
하지 마십시오. 왜냐하면, 아버지께서는 우리가 받은 축복[5]이 모든
이들에게 주어지기를 원하시기 때문입니다. 계명을 지켜 (남에게) 주
는 사람은 복이 있습니다. 왜냐하면, 그는 순전하기 때문입니다. 그러
나 받는 사람은 불행합니다. 만약 필요해서 받는다면 그의 죄는 없습
니다. 그러나 필요하지 않음에도 불구하고 받는다면 그는 왜 그리고
무슨 목적으로 받았는지에 대해서 처벌을 받을 것입니다. 감옥에 갇혀
그가 행한 일들에 대해서 조사 받고, 그가 다 갚을 때 까지 거기서 나오
지 못할 것입니다.

---

5) 원문에는 "아버지께서는 자신의 선물들이"라고 되었음.

παντὶ (부형, 여, 남, 단, 원) πᾶς 모든, 각각

τῷ (관, 여, 남, 단) ὁ 그

αἰτοῦντί (분, 현, 능, 여, 남, 단) αἰτέω 구하다

σε (인대, 대, 남, 단) σύ 너, 당신

δίδου (동, 령, 현, 능, 2, 단) δίδωμι 주다

καὶ (등접) καί 그리고

μὴ (계) μή ~아닌

ἀπαίτει (동, 령, 현, 능, 2, 단) ἀπαιτέω 요구하다

πᾶσι (부형, 여, 남, 복, 원) πᾶς 모든, 각각

γὰρ (등접) γάρ 왜냐하면

θέλει (동, 직, 현, 능, 3, 단) θέλω 원하다

δίδοσθαι (정, 현, 중간) δίδωμι 주다

ὁ (관, 주, 남, 단) ὁ 그

πατὴρ (명, 주, 남, 단, 보) πατήρ 아버지

ἐκ (전, 속) ἐκ ~으로 부터

τῶν (관, 속, 중, 복) ὁ 그

ἰδίων (보형, 속, 중, 복, 원) ἴδιος 자기 자신의

χαρισμάτων (명, 속, 중, 복, 보) χάρισμα 선물

μακάριος (보형, 주, 남, 단, 원) μακάριος 행복한

διδοὺς (분, 현, 능, 주, 남, 단) δίδωμι 주다

κατα. (전, 대) κατά ~따라서

τὴν (관, 대, 녀, 단) ὁ 그

ἐντολήν (명, 대, 녀, 단, 보) ἐντολή 계명

ἀθῷος (보형, 주, 남, 단, 원) ἀθῷος 순진한, 결백한

γάρ (등접) γάρ 왜냐하면

ἐστιν (동, 직, 현, 능, 3, 단) εἰμί 이다, 있다이다, 있다

1:5

Οὐαὶ (감) οὐαί 슬프다!

τῷ (관, 여, 남, 단) ὁ 그

λαμβάνοντι (분, 현, 능, 여, 남, 단) λαμβάνω 가지다

εἰ (종접) εἰ 만약

μὲν (계) μέν 한편으로는

χρείαν (명, 대, 녀, 단, 보) χρεία 필요, 부족

ἔχων (분, 현, 능, 주, 남, 단) ἔχω 가지다

λαμβάνει (동, 직, 현, 능, 3, 단) λαμβάνω 가지다

τις (부대, 주, 남, 단) τὶς 누가

ἀθῷος (보형, 주, 남, 단, 원) ἀθῷος 순진한, 결백한

ἔσται (동, 직, 미, 중간, 3, 단) εἰμί 이다, 있다이다, 있다

ὁ (관, 주, 남, 단) ὁ 그

δὲ (등접) δέ 그러나

δώσει (동, 직, 미, 능, 3, 단) δίδωμι 주다, 지불하다, 되돌려 주다

δίκην (명, 대, 녀, 단, 보) δίκη 벌, 징계

ἱνατί (부) ἱνατί 왜, 무슨이유로

ἔλαβε (동, 직, 부과, 능, 3, 단) λαμβάνω 가지다

εἰς (전, 대) εἰς 위하여

τί (의대, 대, 중, 단) τίς 무엇

ἐν (전, 여) ἐν 안에

συνοχῇ (명, 여, 녀, 단, 보) συνοχή 감옥

γενόμενος (분, 부과, 중가, 주, 남, 단) γίνομαι 안에 있다. 거기에 있다

ἐξετασθήσεται (동, 직, 미, 수, 3, 단) ἐξετάζω 조사하다

περὶ (전, 속) περί ~관하여

ὧν (관대, 속, 중, 복) ὅς 무엇

ἔπραξε (동, 직, 부과, 능, 3, 단) πράσσω 행하다

οὐκ (부) οὐ ~아닌

ἐξελεύσεται (동, 직, 미, 중간, 3, 단) ἐξέρχομαι 나오다

ἐκεῖθεν (부) ἐκεῖθεν 그곳으로 부터

μέχρις (전, 속) μέχρι ~까지, ~하는 한

οὗ (부) ὅς 무엇

ἀποδῷ (동, 가, 부과, 중간, 2, 단) ἀποδίδωμι 주다, 지불하다

τὸν (관, 대, 남, 단) ὁ 그

ἔσχατον (보형, 대, 남, 단, 원) ἔσχατος 맨 마지막의, 가장 작은

κοδράντην (명, 대, 남, 단, 보) κοδράντης 고드란, 가장 작은 로마 동전

Didache

Did 1:6   ἀλλὰ καὶ περὶ τούτου δὲ εἴρηται
Ἱδρωσάτω ἡ ἐλεημοσύνη σου εἰς τὰς χεῖράς
σου μέχρι ἂν γνῷς τίνι δῷς

이에 대해서는 이런 말씀이 있습니다. "그대가 줄 사람이 누구인가
를 알아낼 때까지 낭비하는 구제가 되지 않도록 최선을 다 하십시
오."[6]

---

6) 직역하면 "당신의 자선이 당신 손안에서 땀나게 하십시오."

1:6

ἀλλὰ (등접) ἀλλά 그러나

καὶ (등접) καί 역시

περὶ (전, 속) περί ~관하여

τούτου (지대, 속, 중, 단) οὗτος 이것

δὲ (등접) δέ 그러나, 심지어 번역이 생략가능

εἴρηται (동, 직, 미래완, 수, 3, 단) λέγω 말하다

Ἱδρωσάτω (동, 령, 현, 능, 3, 단) ἱδρόω 땀

ἡ (관, 주, 녀, 단) ὁ 그

ἐλεημοσύνη (명, 주, 녀, 단, 보) ἐλεημοσύνη 구제, 자선

σου (인대, 속, 남, 단) σύ 너, 당신

εἰς (전, 대) εἰς 안에서

τὰς (관, 대, 녀, 복) ὁ 그

χεῖράς (명, 대, 녀, 복, 보) χείρ 손

μέχρις (전, 속) μέχρι ~까지, ~하는 한

ἄν (계) ἄν 번역이 생략 가능. 가정문을 유도할 수 있다

γνῷς (동, 가, 부과, 능, 2, 단) γινώσκω 알다

τίνι (rqdms) τίς 누가

δῷς (동, 가, 부과, 능, 2, 단) δίδωμι 주다

제2장

생명의 길 : 제 이 계명

2

Didache

Did 2:1 Δευτέρα δὲ ἐντολὴ τῇ διδαχῇ

가르침의 둘째 계명입니다.

Did 2:2 οὐ φονεύσεις οὐ μοιχεύσεις οὐ παιδοφθορήσεις οὐ πορνεύσεις οὐ κλέψεις οὐ μαγεύσεις οὐ φαρμακεύσεις οὐ φονεύσεις τέκνον ἐν φθορᾷ οὐδὲ γεννηθὲν ἀποκτενεῖς οὐκ ἐπιθυμήσεις τὰ τοῦ πλησίον

그대는 살인하지 마십시오. 그대는 간음하지 마십시오. 그대는 남색질하지 마십시오. 그대는 음행하지 마십시오. 그대는 도둑질하지 마십시오. 그대는 마술을 하지 마십시오. 그대는 점술을 행하지 마십시오. 그대는 낙태로 아이를 살인하지 말고, 갓난아이를 죽이지도 마십시오. 그대는 이웃의 것을 탐내지 마십시오.

2:1

Δευτέρα (서형, 주, 녀, 단, 원) δεύτερος 둘째
δὲ (등접) δέ 그리고 (번역이 생략가능)
ἐντολὴ (명, 주, 녀, 단, 보) ἐντολή 계명
τῆς (관, 속, 녀, 단) ὁ 그
διδαχῆς (명, 속, 녀, 단, 보) διδαχή 가르침, 교훈

2:2

οὐ (부) οὐ ~아닌
φονεύσεις (동, 직, 미, 능, 2, 단) φονεύω 살인하다
μοιχεύσεις (동, 직, 미, 능, 2, 단) μοιχεύω 간음하다
παιδοφθορήσεις (동,직,미,능,2,단) παιδοφθορέω (어린 남자아이 대상으로) 남색하다
πορνεύσεις (동, 직, 미, 능, 2, 단) πορνεύω 매춘하다
κλέψεις (동, 직, 미, 능, 2, 단) κλέπτω 훔치다
μαγεύσεις (동, 직, 미, 능, 2, 단) μαγεύω 마술을 행하다
φαρμακεύσεις (동, 직, 미, 능, 2, 단) φαρμακεύω 점술을 행하다
τέκνον (명, 대, 중, 단, 보) τέκνον 아이
ἐν (전, 여) ἐν ~의하여
φθορᾷ (명, 여, 녀, 단, 보) φθορα, 낙태
οὐδε. (등접) οὐδέ 아닌
γεννηθὲν (분, 부과, 수, 대, 중, 단) γεννάω (아이를) 낳다
ἀποκτενεῖς (동, 직, 미, 능, 2, 단) ἀποκτείνω 죽이다
οὐκ (부) οὐ ~아닌
ἐπιθυμήσεις (동, 직, 미, 능, 2, 단) ἐπιθυμέω 탐내다
τά (관, 대, 중, 복) ὁ 그
τοῦ (관, 속, 남, 단) ὁ 그
πλησίον (부) πλησίον 이웃의

Didache

Did 2:3   οὐκ ἐπιορκήσεις οὐ ψευδομαρτυρήσεις
οὐ κακολογήσεις οὐ μνησικακήσεις

그대는 거짓 맹세를 하지 마십시오. 그대는 거짓 증언을 하지 마십시오. 그대는 악하게 말하지 마십시오. 그대는 원한을 품지 마십시오.

Did 2:4   οὐκ ἔσῃ διγνώμων οὐδὲ δίγλωσσό
παγὶς γὰρ θανάτου ἡ διγλωσσία

그대는 두 마음을 품거나 두 말을 하지 마십시오. 왜냐하면, 표리부동은 죽음의 올가미이기 때문입니다.

2:3

οὐκ (부) οὐ ~아닌

ἐπιορκήσει (동, 직, 미, 능, 2, 단) ἐπιορκέω 거짓 맹세하다

οὐ (부) οὐ ~아닌

ψευδομαρτυρήσεις (동,직,미,능,2,단) ψευδομαρτυρέω 거짓 증거하다

κακολογήσεις (동, 직, 미, 능, 2, 단) κακολογέω 악하게 말하다

μνησικακήσεις (동,직,미,능,2,단) μνησικακέω 악을 품다, 원한을 품다

2:3

οὐκ (부) οὐ ~아닌

ἐσῃ (동, 직, 미, 중간, 2, 단) εἰμί 이다, 있다

διγνώμων (보형, 주, 남, 단, 원) διγνώμων 두 마음을 품은

οὐδὲ (등접) οὐδέ 아닌

δίγλωσσος (보형, 주, 남, 단, 원) δίγλωσσος 언행불일치의, 불성실한

παγὶς (명, 주, 녀, 단, 보) παγίς 올가미, 함정

γὰρ (등접) γάρ 왜냐하면

θανάτου (명, 속, 남, 단, 보) θάνατος 죽음

ἡ (관, 주, 녀, 단) ὁ 그

διγλωσσία (명, 주, 녀, 단, 보) διγλωσσία 표리부동, 이중성

Didache

Did 2:5   οὐκ ἔσται ὁ λόγος σου ψευδὴς οὐ
κενός ἀλλὰ μεμεστωμένος πράξει

그대의 말은 거짓되거나 헛되지 않고, 행위로 실천되어야 합니다.

οὐκ (부) οὐ ~아닌

ἔσται (동, 직, 미, 중간, 3, 단) εἰμί 이다, 있다

ὁ (관, 주, 남, 단) ὁ 그

λόγος (명, 주, 남, 단, 보) λόγος 말씀

σου (인대, 속, 남, 단) σύ 너, 당신

ψευδής (보형, 주, 남, 단, 원) ψευδής 거짓의

οὐ (부) οὐ ~아닌

κενός (보형, 주, 남, 단, 원) κενός 어리석은, 헛된

ἀλλὰ (등접) ἀλλά 그러나

μεμεστωμένος (분, 미래완, 수, 주, 남, 단) μεστόω 채우다

πράξει (명, 여, 녀, 단, 보) πρᾶξις 행위

Didache

Did 2:6   οὐκ ἔσῃ πλεονέκτης οὐδὲ ἅρπαξ οὐδὲ
ὑποκριτὴς οὐδὲ κακοήθης οὐδὲ ὑπερήφανος οὐ
λήψῃ βουλὴν πονηρὰν κατὰ τοῦ πλησίον σου

그대는 탐심자, 강탈자, 위선자, 악의를 품은 자, 오만한 자가 되
어서는 안 됩니다. 그대는 그대의 이웃에게 악한 의도를 품지[1] 마
십시오.

---

1) 계획을 가지지

2:6

οὐκ (부) οὐ ~아닌

ἔσῃ (동, 직, 미, 중간, 2, 단) εἰμί 이다, 있다

πλεονέκτης (명, 주, 남, 단, 보) πλεονέκτης 탐욕스런

οὐδὲ (등접) οὐδέ 아닌

ἅρπαξ (보형, 주, 남, 단, 원) ἅρπαξ 강탈하는

ὑποκριτὴς (명, 주, 남, 단, 보) ὑποκριτής 위선

κακοήθης (보형, 주, 녀, 단, 원) κακοήθης 악의있는

ὑπερήφανος (보형, 주, 남, 단, 원) ὑπερήφανος 거만한, 건방진

οὐ (부) οὐ ~아닌

λήψῃ (동, 직, 미, 중간, 2, 단) λαμβάνω 가지다

βουλὴν (명, 대, 녀, 단, 보) βουλή 의도, 계획

πονηρὰν (보형, 대, 녀, 단, 원) πονηρός 나쁜, 악한

κατὰ (전, 대) κατά 거슬러서

τοῦ (관, 속, 남, 단) ὁ 그

πλησίον (부) πλησίον 이웃의

σου (인대, 속, 남, 단) σύ 너, 당신

Didache

Did 2:7   οὐ μισήσεις πάντα ἄνθρωπον ἀλλὰ οὓς μὲν ἐλέγξεις περὶ δὲ ὧν προσεύξῃ οὓς δὲ ἀγαπήσεις ὑπὲρ τὴν ψυχήν σου

그대는 모든 사람을 미워하지 말며, 오히려 그들을 설득하고, 그들을 위해 기도하며, 그들을 그대의 목숨보다 더 사랑하십시오.

οὐ (부) οὐ ~아닌

μισήσεις (동, 직, 미, 능, 2, 단) μισέω 미워하다

πάντα (부형, 대, 남, 단, 원) πᾶς 모든, 각각, 누구든지

ἄνθρωπον (명, 대, 남, 단, 보) ἄνθρωπος 사람

ἀλλὰ (등접) ἀλλά 그러나, 오히려

οὓς (관대, 대, 남, 복) ὅς 무엇

μὲν (계) μέν 한편으로는, 실로

ἐλέγξεις (동, 직, 미, 능, 2, 단) ἐλέγχω 설득하다

περὶ (전, 속) περί ~관하여

δὲ (등접) δέ 그러나, 오히려

ὧν (관대, 속, 녀, 복) ὅς 누구

προσεύξῃ (동, 직, 미, 중간, 2, 단) προσεύχομαι 기도하다

οὓ (관대, 대, 남, 복) ὅς 누구

ἀγαπήσεις (동, 직, 미, 능, 2, 단) ἀγαπάω 사랑하다

ὑπὲρ (전, 대) ὑπέρ ~보다 더

τὴν (관, 대, 녀, 단) ὁ 그

ψυχήν (명, 대, 녀, 단, 보) ψυχή 영혼, 생명

σου (인대, 속, 남, 단) σύ 너, 당신

제1부
두 길

제**3**장

해야 할 것과 하지 말아야 할 것

3

Didache

Did 3:1   Τέκνον μου φεῦγε ἀπὸ παντὸς πονηροῦ
καὶ ἀπὸ παντὸς ὁμοίου αὐτοῦ

내 자녀들아, 모든 악과 그 비슷한 모든 것으로부터 피하라.

Τέκνον (명, 호, 중, 단, 보) τέκνον 어린이

μου (인대, 속, 남, 단) ἐγώ 나

φεῦγε (동, 령, 현, 능, 2, 단) φεύγω 달아나다

ἀπὸ (전, 속) ἀπό 부터

παντὸς (부형, 속, 중, 단, 원) πᾶς 모든, 각각, 어떤

πονηροῦ (보형, 속, 중, 단, 원) πονηρός 악한

καὶ (등접) καί 그리고

παντὸς (부형, 속, 중, 단, 원) πᾶς 모든, 각각

ὁμοίου (보형, 속, 중, 단, 원) ὅμοιος 비슷한

αὐτοῦ (인대, 속, 중, 단) αὐτός 그것

Didache

Did 3:2   μὴ γίνου ὀργίλος ὁδηγεῖ γὰρ ἡ ὀργὴ
πρὸς τὸν φόνον μηδὲ ζηλωτὴς μηδὲ ἐριστικὸς
μηδὲ θυμικός ἐκ γὰρ τούτων ἁπάντων φόνοι
γεννῶνται

분노하지 말라. 분노는 살인으로 인도하기 때문이다. 질투하지 말
고, 다투지 말고, 화내지 말라. 이 모든 것으로부터 살인이 일어나
기 때문이다.

3:2

μὴ (계) μή ~아닌

γίνου (동, 령, 현, 중간, 2, 단) γίνομαι ~되다

ὀργίλος (보형, 주, 남, 단, 원) ὀργίλος 성급히 분노하는

ὁδηγεῖ (동, 직, 현, 능, 3, 단) ὁδηγέω 인도하다

γὰρ (등접) γάρ 왜냐하면

ἡ (관, 주, 녀, 단) ὁ 그

ὀργὴ (명, 주, 녀, 단, 보) ὀργή 분노, 화

πρὸς (전, 대) πρός 향하여

τὸν (관, 대, 남, 단) ὁ 그

φόνον (명, 대, 남, 단, 보) φόνος 살인

μηδὲ (계) μηδέ 그러나 아닌, 그리고 아닌

ζηλωτὴς (명, 주, 남, 단, 보) ζηλωτής 열광자, 질투자

ἐριστικὸς (보형, 주, 남, 단, 원) ἐριστικός 다투는, 싸우기를 좋아하는

θυμικός (보형, 주, 남, 단, 원) θυμικός 성을 잘내는

ἐκ (전, 속) ἐκ ~으로 부터

τούτων (지대, 속, 중, 복) οὗτος 이것

ἁπάντων (보형, 속, 중, 복, 원) ἅπας 모든

φόνοι (명, 주, 남, 복, 보) φόνος 살인

γεννῶνται (동, 직, 현, 수, 3, 복) γεννάω 낳다

Didache

Did 3:3   τέκνον μου μὴ γίνου ἐπιθυμητής
ὁδηγεῖ γὰρ ἡ ἐπιθυμία πρὸς τὴν πορνείαν μηδὲ
αἰσχρολόγος μηδὲ ὑψηλόφθαλμος ἐκ γὰρ
τούτων ἁπάντων μοιχεῖαι γεννῶνται

내 자녀들아, 음욕자가 되지 말라. 왜냐하면, 음욕은 음행으로 인
도하기 때문이다. 또 음담 패설가가 되지 말라. 음욕의 눈을 가진
자가 되지 말라. 왜냐하면, 이 모든 것들로부터 간음이 생기기 때
문이다.

τέκνον (명, 호, 중, 단, 보) τέκνον 어린이

μου (인대, 속, 남, 단) ἐγώ 나

μὴ (계) μή ~아닌

γίνου (동, 령, 현, 중간, 2, 단) γίνομαι ~되다

ἐπιθυμητής (명, 주, 남, 단, 보) ἐπιθυμητής 음욕자

ὁδηγεῖ (동, 직, 현, 능, 3, 단) ὁδηγέω 인도하다

γὰρ (등접) γάρ 왜냐하면

ἡ (관, 주, 녀, 단) ὁ 그

ἐπιθυμία (명, 주, 녀, 단, 보) ἐπιθυμία 색욕, 음욕

πρὸς (전, 대) πρός 향하여

τὴν (관, 대, 녀, 단) ὁ 그

πορνείαν (명, 대, 녀, 단, 보) πορνεία 음행, 매춘

μηδὲ (계) μηδέ 그러나 아닌, 그리고 아닌

αἰσχρολόγος (명, 주, 남, 단, 보) αἰσχρολόγος 음담패설하는 사람

ὑψηλόφθαλμος (보형,주,남,단,원) ὑψηλόφθαλμος 음욕의 눈을 뜨는

ἐκ (전, 속) ἐκ ~으로 부터

τούτων (지대, 속, 중, 복) οὗτος 이것

ἁπάντων (보형, 속, 중, 복, 원) ἅπας 모든

μοιχεῖαι (명, 주, 녀, 복, 보) μοιχεία 간음

γεννῶνται (동, 직, 현, 수, 3, 복) γεννάω 태어나다

Didache

Did 3:4 τέκνον μου μὴ γίνου οἰωνοσκόπος
ἐπειδὴ ὁδηγει εἰς τὴν εἰδωλολατρίαν μηδὲ
ἐπαοιδὸς μηδὲ μαθηματικὸς μηδὲ περικαθαίρων
μηδὲ θέλε αὐτὰ βλέπειν ἐκ γὰρ τούτων
ἀπάντων εἰδωλολατρία γεννᾶται

내 자녀들아, 점술사가 되지 말라. 그것이 (너희를) 우상 숭배로 이 끌기 때문이다. 주술사가 되지 말고, 점성술사가 되지 말고, 정화 자가 되지 말라.[1] 이런 것들을 보지도 말라. 왜냐하면, 이 모든 것 으로부터 우상숭배가 생기기 때문이다.

---

1) "정화자가 되지 말라"는 부정한 것을 정한 것으로 만들기 위하여 치르는 미신행위를 하지 말라는 것이다.

τέκνον (명, 호, 중, 단, 보) τέκνον 어린이

μου (인대, 속, 남, 단) ἐγώ 나

μὴ (계) μή ~아닌

γίνου (동, 령, 현, 중간, 2, 단) γίνομαι ~되다

οἰωνοσκόπος (명, 주, 남, 단, 보) οἰωνοσκόπος 점쟁이, 예언자

ἐπειδὴ (종접) ἐπειδή 때문에

ὁδηγει (동, 직, 현, 능, 3, 단) ὁδηγέω 인도하다

εἰς (전, 대) εἰς 향하여

τὴν (관, 대, 녀, 단) ὁ 그

εἰδωλολατρίαν (명, 대, 녀, 단, 보) εἰδωλολατρία 우상숭배

μηδὲ (계) μηδέ 그러나 아닌, 그리고 아닌

ἐπαοιδὸ (명, 주, 남, 단, 보) ἐπαοιδός 주술사, 마법사

μηδὲ (계) μηδέ 그러나 아닌, 그리고 아닌

μαθηματικὸς (보형, 주, 남, 단, 원) μαθηματικός 점성술사

περικαθαίρων (분, 현, 능, 주, 남, 단) περικαθαιρω 완전히 정화하다

θέλε (동, 령, 현, 능, 2, 단) θέλω 원하다

αὐτὰ (인대, 대, 중, 복) αὐτός 그것

βλέπειν (정, 현, 능) βλέπω 보다

ἐκ (전, 속) ἐκ ~으로 부터

γὰρ (등접) γάρ 왜냐하면

τούτων (지대, 속, 중, 복) ου-τος 이것

ἁπάντων (보형, 속, 중, 복, 원) ἅπας 모든

εἰδωλολατρία (명, 주, 녀, 단, 보) εἰδωλολατρία 우상숭배

γεννᾶται (동, 직, 현, 수, 3, 단) γεννάω 태어나다

Didache

Did 3:5 τέκνον μου μὴ γίνου ψεύστης ἐπειδὴ ὁδηγεῖ τὸ ψεῦσμα εἰς τὴν κλοπήν μηδὲ φιλάργυρος μηδὲ κενόδοξος ἐκ γὰρ τούτων ἁπάντων κλοπαὶ γεννῶνται

내 자녀들아, 거짓말쟁이가 되지 말라. 왜냐하면, 거짓은 도둑질로 인도하기 때문이다. 돈을 사랑하는 자가 되지 말고 허영에 들뜬 자가 되지 말라. 왜냐하면, 이 모든 것으로부터 도둑질이 생겨나기 때문이다.

3:5

τέκνον (명, 호, 중, 단, 보) τέκνον 어린이

μου (인대, 속, 남, 단) ἐγώ 나

μὴ (계) μή ~아닌

γίνου (동, 령, 현, 중간, 2, 단) γίνομαι ~되다

ψεύστης (명, 주, 남, 단, 보) ψεύστης 거짓말쟁이

ἐπειδὴ (종접) ἐπειδή 때문에

ὁδηγεῖ (동, 직, 현, 능, 3, 단) ὁδηγέω 인도하다

τὸ (관, 주, 중, 단) ὁ 그

ψεῦσμα (명, 주, 중, 단, 보) ψεῦσμα 거짓, 거짓말 하는 것

εἰς (전, 대) εἰς 향하여

τὴν (관, 대, 녀, 단) ὁ 그

κλοπήν (명, 대, 녀, 단, 보) κλοπή 도둑질, 훔치는 것

μηδὲ (계) μηδέ 그러나 아닌, 그리고 아닌

φιλάργυρος (보형, 주, 남, 단, 원) φιλάργυρος 돈을 사랑하는

κενόδοξος (보형, 주, 남, 단, 원) κενόδοξος 허풍떠는

ἐκ (전, 속) ἐκ ~으로 부터

γὰρ (등접) γάρ 왜냐하면

τούτων (지대, 속, 중, 복) οὗτος 이것

ἁπάντων (보형, 속, 중, 복, 원) ἅπας 모든

κλοπαὶ (명, 주, 녀, 복, 보) κλοπή 도둑질

γεννῶνται (동, 직, 현, 수, 3, 복) γεννάω 태어나다

Didache

Did 3:6   τέκνον μου μὴ γίνου γόγγυσος ἐπειδὴ
ὁδηγεῖ εἰς τὴν βλασφημίαν μηδὲ αὐθάδης μηδὲ
πονηρόφρων ἐκ γὰρ τούτων ἁπάντων
βλασφημίαι γεννῶνται

내 자녀들아, 불평하는 자가 되지 말라. 왜냐하면, 그것은 중상 비방하는 길로 인도하기 때문이다. 거만하지 말며 악심을 품지 말라. 왜냐하면, 이 모든 것으로부터 중상모략이 생기기 때문이다.

τέκνον (명, 호, 중, 단, 보) τέκνον 어린이

μου (인대, 속, 남, 단) ἐγώ 나

μὴ (계) μή ~아닌

γίνου (동, 령, 현, 중간, 2, 단) γίνομαι ~되다

γόγγυσος (보형, 주, 남, 단, 원) γόγγυσος 불평하는

ἐπειδὴ (종접) ἐπειδή 때문에

ὁδηγεῖ (동, 직, 현, 능, 3, 단) ὁδηγέω 인도하다

εἰς (전, 대) εἰς 향하여

τὴν (관, 대, 녀, 단) ὁ 그

βλασφημίαν (명, 대, 녀, 단, 보) βλασφημία 중상, 비방, 명예훼손

μηδὲ (계) μηδέ 그러나 아닌, 그리고 아닌

αὐθάδης (보형, 주, 남, 단, 원) αὐθάδης 거만한

πονηρόφρων (보형, 주, 남, 단, 원) πονηρόφρων 악한 마음의

ἐκ (전, 속) ἐκ ~으로 부터

γὰρ (등접) γάρ 왜냐하면

τούτων (지대, 속, 중, 복) οὗτος 이것

ἁπάντων (보형, 속, 중, 복, 원) ἅπας 모든

βλασφημίαι (명, 주, 녀, 복, 보) βλασφημία 중상, 비방, 명예훼손

γεννῶνται (동, 직, 현, 수, 3, 복) γεννάω 태어나다

Didache

Did 3:7 ἴσθι δὲ πραΰς ἐπεὶ οἱ πραεῖς κληρονομήσουσι τὴν γῆν

그러나 온유하라. 왜냐하면, 온유한 사람은 땅을 상속받을 것이기 때문이다.

Did 3:8 γίνου μακρόθυμος καὶ ἐλεήμων καὶ ἄκακος καὶ ἡσύχιος καὶ ἀγαθὸς καὶ τρέμων τοὺς λόγους διὰ παντός οὓς ἤκουσας

인내하고, 자비롭고, 순전하며, 조용하고 유익해야 한다. 너희가 들은 말에 대해 언제나 경외심을 가져라.

ἴσθι (동, 령, 현, 능, 2, 단) εἰμί 이다, 있다
δὲ (등접) δέ 그러나
πραΰς (보형, 주, 남, 단, 원) πραΰς 온유한
ἐπεὶ (종접) ἐπεί 때문에
οἱ (관, 주, 남, 복) ὁ 그
πραεῖς (보형, 주, 남, 복, 원) πραΰς 온유한
κληρονομήσουσι (동, 직, 미, 능, 3, 복) κληρονομέω 얻다
τὴν (관, 대, 녀, 단) ὁ 그
γῆν (명, 대, 녀, 단, 보) γῆ

γίνου (동, 령, 현, 중간, 2, 단) γίνομαι ~되다
μακρόθυμος (보형, 주, 남, 단, 원) μακρόθυμος 인내하는
καὶ (등접) καί 그리고
ἐλεήμων (보형, 주, 남, 단, 원) ἐλεήμων 자비로운
ἄκακος (보형, 주, 남, 단, 원) ἄκακος 결백한, 순진한
ἡσύχιος (보형, 주, 남, 단, 원) ἡσύχιος 조용한
ἀγαθὸς (보형, 주, 남, 단, 원) ἀγαθός 좋은, 유익한
τρέμων (분, 현, 능, 주, 남, 단) τρέμω 두려워하다, 경외하다
τοὺς (관, 대, 남, 복) ὁ 그
λόγους (명, 대, 남, 복, 보) λόγος 말씀
διὰ (전, 속) διά ~통하여
παντός (부형, 속, 중, 단, 원) πᾶς 모든, 각각. διὰ παντός 항상, 언제나
οὓ (관대, 대, 남, 복) ὅ 무엇
ἤκουσας (동, 직, 부과, 능, 2, 단) ἀκούω 듣다

Didache

Did 3:9   οὐχ ὑψώσεις σεαυτὸν οὐδὲ δώσεις τῇ ψυχῇ σου θράσος οὐ κολληθήσεται ἡ ψυχή σου μετὰ ὑψηλῶν ἀλλὰ μετὰ δικαίων καὶ ταπεινῶν ἀναστραφήσῃ

네 자신을 높이지 말고 네 영혼이 자만하지 않도록 하라. 네 영혼은 교만한 자들과 교제하지 말고, 의롭고 겸손한 이들과 교제하라.

οὐχ (부) οὐ ~아닌

ὑψώσεις (동, 직, 미, 능, 2, 단) ὑψόω 높이다

σεαυτὸν (재대, 대, 남, 단) σεαυτοῦ 너 자신을

οὐδὲ (등접) οὐδέ 아닌

δώσεις (동, 직, 미, 능, 2, 단) δίδωμι 주다

τῇ (관, 여, 녀, 단) ὁ 그

ψυχῇ (명, 여, 녀, 단, 보) ψυχή 영혼

σου (인대, 속, 남, 단) σύ 너, 당신

θράσος (명, 대, 중, 단, 보) θράσος 자만, 거만, 오만

οὐ (부) οὐ ~아닌

κολληθήσεται (동, 직, 미, 수, 3, 단) κολλάω 연합하다

ἡ (관, 주, 녀, 단) ὁ 그

ψυχή (명, 주, 녀, 단, 보) ψυχή 영혼

μετὰ (전, 속) μετά 함께

ὑψηλῶν (보형, 속, 남, 복, 원) ὑψηλός 교만한

ἀλλὰ (등접) ἀλλά 그러나

δικαίων (보형, 속, 남, 복, 원) δίκαιος 의로운

καὶ (등접) καί 그리고

ταπεινῶν (보형, 속, 남, 복, 원) ταπεινός 겸손한

ἀναστραφήσῃ (동, 직, 미, 수, 2, 단) ἀναστρέφω 연합하다

Didache

Did 3:10 τὰ συμβαίνοντά σοι ἐνεργήματα ὡς
ἀγαθὰ προσδέξῃ εἰδὼς ὅτι ἄτερ θεοῦ οὐδὲν
γίνεται

하나님 없이는 아무일도 일어나지 않는 다는 것을 네가 알고, 너에
게 일어나는 것을 좋은 경험으로 받아라.

τὰ (관, 대, 중, 복) ὁ 그

συμβαίνοντά (분, 현, 능, 대, 중, 복) συμβαίνω 발생하다, 일어나다

σοι (인대, 여, 남, 단) σύ 너, 당신

ἐνεργήματα (명, 대, 중, 복, 보) ἐνέργημα 경험

ὡς (부) ὡς 처럼, 같이

ἀγαθὰ (보형, 대, 중, 복, 원) ἀγαθός 좋은

προσδέξῃ (동, 직, 미, 중간, 2, 단) προσδέχομαι 받다

εἰδὼς (분, 미래완, 능, 주, 남, 단) οἶδα 알다

ὅτι (종접) ὅτι ~것

ἄτερ (전, 속) ἄτερ ~없이

θεοῦ (명, 속, 남, 단, 보) θεός 하나님

οὐδὲν (부대, 주, 중, 단) οὐδείς 아닌

γίνεται (동, 직, 현, 중간, 3, 단) γίνομαι 일어나다

제1부
두 길

제**4**장

생명을 위한 규칙

4

Didache

Did 4:1   Τέκνον μου τοῦ λαλοῦντός σοι τὸν
λόγον τοῦ θεοῦ μνησθήσῃ νυκτὸς καὶ ἡμέρας
τιμήσεις δὲ αὐτὸν ὡς κύριον ὅθεν γὰρ ἡ
κυριότης λαλεῖται ἐκεῖ κύριός ἐστιν

내 자녀들아! 너에게 하나님의 말씀을 전해 주는 사람을 밤낮으로
기억하라. 그리고 너는 그를 주님 처럼 존경하라. 왜냐하면, 주권
이 선포되어지는 곳에는 주님이 계시기 때문이다.

Τέκνον (명, 호, 중, 단, 보) τέκνον 어린이

μου (인대, 속, 남, 단) ἐγώ 나

τοῦ (관, 속, 남, 단) ὁ 그

λαλοῦντός (분, 현, 능, 속, 남, 단) λαλέω 말하다

σοι (인대, 여, 남, 단) σύ 너, 당신

τὸν (관, 대, 남, 단) ὁ 그

λόγον (명, 대, 남, 단, 보) λόγος 말씀

θεοῦ (명, 속, 남, 단, 보) θεός 하나님

μνησθήσῃ (동, 직, 미, 수, 2, 단) μιμνήσκομαι 기억하다

νυκτὸς (명, 속, 녀, 단, 보) νύξ 밤

καὶ (등접) καί 그리고

ἡμέρας (명, 속, 녀, 단, 보) ἡμέρα 낮

τιμήσεις (동, 직, 미, 능, 2, 단) τιμάω 존경하다, 경외하다

δὲ (등접) δέ 그리고

αὐτὸν (인대, 대, 남, 단) αὐτός 그

ὡς (부) ὡς 처럼, 같이

κύριον (명, 대, 남, 단, 보) κύριος 주, 주인

ὅθεν (부) ὅθεν 거기로부터

γὰρ (등접) γάρ 왜냐하면

ἡ (관, 주, 녀, 단) ὁ 그

κυριότης (명, 주, 녀, 단, 보) κυριότης 주권

λαλεῖται (동, 직, 현, 수, 3, 단) λαλέω 말하다

ἐκεῖ (부) ἐκεῖ 그기에

κύριός (명, 주, 남, 단, 보) κύριος 주, 주인

ἐστιν (동, 직, 현, 능, 3, 단) εἰμί 이다, 있다

Didache

Did 4:2   ἐκζητήσεις δὲ καθ᾽ ἡμέραν τὰ πρόσωπα
τῶν ἁγίων ἵνα ἐπαναπαῇς τοῖς λόγοις αὐτῶν

교사들의 말을 (생활의) 기본으로 하기 위해서 매일 교사들을 생각
하여라. 1)

---

1) 성인들의 말에 의지하도록 하기위해서 날마다 성인들의 얼굴을 찾아라.

4:2

ἐκζητήσεις (동, 직, 미, 능, 2, 단) ἐκζητέω 찾다, 구하다

δὲ (등접) δέ 그리고

καθ' (전, 대) κατά ~따라서

ἡμέραν (명, 대, 녀, 단, 보) ἡμέρα 낮. καθ' ἡμέραν 매일.

τὰ (관, 대, 중, 복) ὁ 그

πρόσωπα (명, 대, 중, 복, 보) πρόσωπον 얼굴

τῶν (관, 속, 남, 복) ὁ 그

ἁγίων (보형, 속, 남, 복, 원) ἅγιος 거룩한

ἵνα (종접) ἵνα ~하기 위하여

ἐπαναπαῇς (동, 가, 현, 능, 2, 단) ἐπαναπαύομαι 의거하다, 기초를 두다

τοῖς (관, 여, 남, 복) ὁ 그

λόγοις (명, 여, 남, 복, 보) λόγος 말씀

αὐτῶν (인대, 속, 남, 복) αὐτός 그

Didache

Did 4:3   οὐ ποθήσεις σχίσμα εἰρηνεύσεις δὲ μαχομένους κρινεῖς δικαίως οὐ λήψῃ πρόσωπον ἐλέγξαι ἐπὶ παραπτώμασιν

분열을 일으키지 말고, 다투는 자들을 화해시켜라. 올바르게 심판하며, 죄에 대해서 외모로 판단하지 말라.

οὐ (부) οὐ 아닌

ποθήσεις (동, 직, 미, 능, 2, 단) ποθέω 원하다

σχίσμα (명, 대, 중, 단, 보) σχίσμα 분열

εἰρηνεύσεις (동, 직, 미, 능, 2, 단) εἰρηνεύω 화해하다

δὲ (등접) δέ 그러나

μαχομένους (분, 현, 중간, 대, 남, 복) μάχομαι 논쟁하다, 다투다

κρινεῖς (동, 직, 미, 능, 2, 단) κρίνω 심판하다

δικαίως (부) δικαίως 올바르게

λήψῃ (동, 직, 미, 중간, 2, 단) λαμβάνω 가지다

πρόσωπον (명, 대, 중, 단, 보) πρόσωπον 얼굴

ἐλέγξαι (정, 부과, 능) ἐλέγχω 훈계하다, 처벌하다

ἐπι. (전, 여) ἐπί 대항하여

παραπτώμασιν (명, 여, 중, 복, 보) παράπτωμα 죄

Didache

Did 4:4 οὐ διψυχήσεις πότερον ἔσται ἢ οὔ

어떤 일의 성사 여부에 대해서 의심하지 말라.

Did 4:5 Μὴ γίνου πρὸς μὲν τὸ λαβεῖν
ἐκτείνων τὰς χεῖρας πρὸς δὲ τὸ δοῦναι συσπῶν

받으려고 손을 벌리는 자가 되지 말고, 주려고 손을 끌어 당기는
자가 되라.

4:4

οὐ (부) οὐ 아닌
διψυχήσεις (동, 직, 미, 능, 2, 단) διψυχέω 의심하다
πότερον (부) πότερον ~인지 어떤지를
ἔσται (동, 직, 미, 중간, 3, 단) εἰμί 이다, 있다
ἤ (등접) ἤ 혹은
οὐ (부) οὐ 아닌

4:5

Μὴ (계) μή ~아닌
γίνου (동, 령, 현, 중간, 2, 단) γίνομαι ~되다
πρὸς (전, 대) πρός 향하여
μὲν (계) μέν 한편으로는
τὸ (관, 대, 중, 단) ὁ 그
λαβεῖν (정, 부과, 능) λαμβάνω 가지다
ἐκτείνων (분, 현, 능, 주, 남, 단) ἐκτείνω 손을 뻗치다
τὰς (관, 대, 녀, 복) ὁ 그
χεῖρας (명, 대, 녀, 복, 보) χείρ 손
δὲ (등접) δέ 그러나
δοῦναι (정, 부과, 능) δίδωμι 주다
συσπῶν (분, 현, 능, 주, 남, 단) συσπάω 끌어 당기다

Didache

Did 4:6 ἐὰν ἔχῃς διὰ τῶν χειρῶν σου δώσεις λύτρωσιν ἁμαρτιῶν σου

네가 가진 것이 있다면, 너의 죄를 속량하기 위해 그대의 손으로 주어라.

Did 4:7 οὐ διστάσεις δοῦναι οὐδὲ διδοὺς γογγύσεις γνώσῃ γάρ τίς ἐστιν ὁ τοῦ μισθοῦ καλὸς ἀνταποδότης

주는 것을 망설이지 말며, 주면서 불평하지 말라. 왜냐하면, (당신의 구제에 대해서) 좋게 보상해 주는 사람이 누구인가를 당신이 알게 될 것이기 때문이다.[2]

---

2) 원문은 "왜냐하면 누가 그 보상에 대한 좋은 보답자인 것을 당신이 알게 될 것이기 때문이다라"고 됨. 즉 "당신의 구제에 대한 보답자는 하나님이심을 알게 될 것이다"라는 의미임.

4:6

ἐὰν (종접) ἐάν 만일

ἔχῃς (동, 가, 현, 능, 2, 단) ἔχω 가지다

διὰ (전, 속) διά ~통하여

τῶν (관, 속, 녀, 복) ὁ 그

χειρῶν (명, 속, 녀, 복, 보) χείρ 손

σου (인대, 속, 남, 단) σύ 너, 당신

δώσεις (동, 직, 미, 능, 2, 단) δίδωμι 주다

λύτρωσιν (명, 대, 녀, 단, 보) λύτρωσις 속량, 대속

ἁμαρτιῶν (명, 속, 녀, 복, 보) ἁμαρτία 죄

4:7

οὐ (부) οὐ 아닌

διστάσεις (동, 직, 미, 능, 2, 단) διστάζω 주저하다

δοῦναι (정, 부과, 능) δίδωμι 주다

οὐδὲ (등접) οὐδέ 아닌

διδοὺς (분, 현, 능, 주, 남, 단) δίδωμι 주다

γογγύσεις (동, 직, 미, 능, 2, 단) γογγύζω 불평하다

γνώσῃ (동, 직, 미, 중간, 2, 단) γινώσκω 알다

γάρ (등접) γάρ 왜냐하면

τίς (의대, 주, 남, 단) τίς 누가

ἐστιν (동, 직, 현, 능, 3, 단) εἰμί 이다, 있다

ὁ (관, 주, 남, 단) ὁ 그 τοῦ (관, 속, 남, 단) ὁ 그

μισθοῦ (명, 속, 남, 단, 보) μισθός 보상, 보답

καλὸς (보형, 주, 남, 단, 원) καλός 좋은

ἀνταποδότης (명, 주, 남, 단, 보) ἀνταποδότης 보상자

Didache

Did 4:8 οὐκ ἀποστραφήσῃ τὸν ἐν δεόμενον συγκοινωνήσεις δὲ πάντα τῷ ἀδελφῷ σοῦ καὶ οὐκ ἐρεῖς ἴδια εἶναι εἰ γὰρ ἐν τῷ ἀθανάτῳ κοινωνοί ἐστε πόσῳ μᾶλλον ἐν τοῖς θνητοῖς

빈궁에 처한 자를 외면하지 마라. 모든 것을 네 형제와 함께 나누고 그것이 네 것이라고 말하지 마라. 왜냐하면, 너희가 영원불멸한 것을 함께 하는 자라면, 하물며 없어질 것들 안에서 함께 하는 것이랴?

οὐκ (부) οὐ 아닌

ἀποστραφήσῃ (동, 직, 미, 수, 2, 단) ἀποστρέφω 돌보지 않다, 외면하다

τὸν (관, 대, 남, 단) ὁ 그

ἐνδεόμενον (분, 현, 중간, 대, 남, 단) ἐνδέω 빈궁에 처하다

συγκοινωνήσεις (동, 직, 미, 능, 2, 단) συγκοινωνέω 나누다

δὲ (등접) δέ 그리고

πάντα (부형, 대, 중, 복, 원) πᾶς 모든, 각각

τῷ (관, 여, 남, 단) ὁ 그

ἀδελφῷ (명, 여, 남, 단, 보) ἀδελφός 형제

σοῦ (인대, 속, 남, 단) σύ 너, 당신

καὶ (등접) καί 그리고

ἐρεῖς (동, 직, 미, 능, 2, 단) λέγω 말하다

ἴδια (보형, 대, 중, 복, 원) ἴδιος 자기 자신의

εἶναι (정, 현, 능) εἰμί 이다, 있다

εἰ (종접) εἰ 만약

γὰρ (등접) γάρ 왜냐하면

ἐν (전, 여) ἐν 안에서

τῷ (관, 여, 중, 단) ὁ 그

ἀθανάτῳ (보형, 여, 중, 단, 원) ἀθάνατος 불멸의

κοινωνοί (명, 주, 남, 복, 보) κοινωνός 공유자, 파트너

ἐστε (동, 직, 현, 능, 2, 복) εἰμί 이다, 있다

πόσῳ (의대, 여, 중, 단, 원) πόσος 얼마나 많이, 얼마나 크게

μᾶλλον (부) μᾶλλον 더 많이

ἐν (전, 여) ἐν 안에서

τοῖς (관, 여, 중, 복) ὁ 그

θνητοῖς (보형, 여, 중, 복, 원) θνητός 죽을 수 밖에 없는

Didache

Did 4:9   Οὐκ ἀρεῖς τὴν χεῖρά σου ἀπὸ τοῦ υἱοῦ
σου ἤ ἀπὸ τῆς θυγατρός σου ἀλλὰ ἀπὸ
νεότητος διδάξεις τὸν φόβον τοῦ θεοῦ

네 자녀들에게서 손을 떼지 말고, 어린 시절 때부터 하나님에 대한
경외심을 가르쳐라.

4:9

Οὐκ (부) οὐ 아닌

ἀρεῖς (동, 직, 미, 능, 2, 단) αἴρω 가져가다

τὴν (관, 대, 녀, 단) ὁ 그

χεῖρά (명, 대, 녀, 단, 보) χείρ 손

σου (인대, 속, 남, 단) σύ 너, 당신

ἀπὸ (전, 속) ἀπό 부터

τοῦ (관, 속, 남, 단) ὁ 그

υἱοῦ (명, 속, 남, 단, 보) υἱός 아들

ἢ (등접) ἢ 혹은

ἀπὸ (전, 속) ἀπό 부터

τῆς (관, 속, 녀, 단) ὁ 그

θυγατρός (명, 속, 녀, 단, 보) θυγάτηρ 딸

ἀλλὰ (등접) ἀλλά 그러나

νεότητος (명, 속, 녀, 단, 보) νεότης 청년

διδάξεις (동, 직, 미, 능, 2, 단) διδάσκω 가르치다

τὸν (관, 대, 남, 단) ὁ 그

φόβον (명, 대, 남, 단, 보) φόβος 경외심

θεοῦ (명, 속, 남, 단, 보) θεός 하나님

Didache

Did 4:10   οὐκ ἐπιτάξεις δούλῳ σου ἢ παιδίσκῃ
τοῖς ἐπὶ τὸν αὐτὸν θεὸν ἐλπίζουσιν ἐν πικρίᾳ
σου μήποτε οὐ μὴ φοβηθήσονται τὸν ἐπ᾽
ἀμφοτέροις θεόν οὐ γὰρ ἔρχεται κατὰ
πρόσωπον καλέσαι ἀλλ᾽ ἐφ᾽ οὓς τὸ πνεῦμα
ἡτοίμασεν

너는 화날 때 같은 하나님께 희망을 두는 당신의 남종이나 여종에게 명령하지 마라. 틀림없이 그들은 (주인과 종)양편 위에 계시는 하나님을 두려워하지 않을 수도 있다.³⁾ 왜냐하면 하나님께서는 외모를 보고 부르러 오시지 않고 성령이 준비한 사람들을 부르러 오시기 때문이다.⁴⁾

---

3) 주인이 종을 심하게 다루면 종들이 하나님을 경외하지 않는다.
4) 하나님께서 구원의 선물인 성령을 주시기로 작정하신 사람들을 부르러 오시기 때문이다.

οὐκ (부) οὐ 아닌

ἐπιτάξεις (동, 직, 미, 2, 단) ἐπιτάσσω 명령하다

δούλῳ (명, 여, 남, 단, 보) δοῦλος 종

σου (인대, 속, 남, 단) σύ 너, 당신

ἤ (등접) ἤ 혹은

παιδίσκῃ (명, 여, 녀, 단, 보) παιδίσκη 여종

τοῖς (관, 여, 중, 복) ὁ 그

ἐπὶ (전, 대) ἐπί 위에

τὸν (관, 대, 남, 단) ὁ 그

αὐτὸν (강형, 대, 남, 단, 원) αὐτός 같은

θεὸν (명, 대, 남, 단, 보) θεός 하나님

ἐλπίζουσιν (동, 직, 현, 능, 3, 복) ἐλπίζω 희망을 갖다

ἐν (전, 여) ἐν 안에서

πικρίᾳ (명, 여, 녀, 단, 보) πικρία 슬픔, 괴로움

μήποτε (계) μήποτε 아닌, 결코아닌, 틀림없이

οὐ (부) οὐ 아닌

μὴ (계) μή ~아닌

φοβηθήσονται (동, 직, 미, 수, 3, 복) φοβέω 두려워하다

ἐπ' (전, 여) ἐπί 위에

ἀμφοτέροις (기형, 여, 남, 복, 원) ἀμφότεροι 둘 다, 모두

θεόν (명,대,남,단,보) θεός 하나님

γὰρ (등접) γάρ 왜냐하면

ἔρχεται (동, 직, 현, 중간, 3, 단) ἔρχομαι 오다

κατὰ (전, 대) κατά ~따라서

πρόσωπον (명, 대, 중, 단, 보) πρόσωπον 얼굴

καλέσαι (정, 부과, 능) καλέω 부르다

ἀλλ' (등접) ἀλλά 그러나
ἐφ' (전, 대) ἐπί 위에
οὕ (관대, 대, 남, 복) ὅς 누구
τὸ (관, 주, 중, 단) ὅ 그
πνεῦμα (명, 주, 중, 단, 보) πνεῦμα 성령
ἡτοίμασεν (동, 직, 부과, 능, 3, 단) ἑτοιμάζω 준비하다

Didache

Did 4:11   ὑμεῖς δὲ οἱ δοῦλοι ὑποταγήσεσθε τοῖς
κυρίοι ὑμῶν ὡς τύπῳ θεοῦ ἐν αἰσχύνῃ καὶ
φόβῳ

종된 너희는 하나님의 형상 같은 너희의 주인에게 존경과 두려움
으로 복종하라.

ὑμεῖς (인대, 주, 남, 복) σύ 너, 당신

δὲ (등접) δέ 그러나

οἱ (관, 주, 남, 복) ὁ 그

δοῦλοι (명, 주, 남, 복, 보) δοῦλος 종

ὑποταγήσεσθε (동, 직, 미, 수, 2, 복) ὑποτάσσω 복종시키다

τοῖς (관, 여, 남, 복) ὁ 그

κυρίοις (명, 여, 남, 복, 보) κύριος 주, 주인

ὑμῶν (인대, 속, 남, 복) σύ 너, 당신

ὡς (부) ὡς 처럼, 같이

τύπῳ (명, 여, 남, 단, 보) τύπος 형상

θεοῦ (명, 속, 남, 단, 보) θεός 하나님

ἐν (전, 여) ἐν 안에서

αἰσχύνη (명, 여, 녀, 단, 보) αἰσχύνη 존경

καὶ (등접) καί 그리고

φόβῳ (명, 여, 남, 단, 보) φόβος 경외심

Didache

Did 4:12 Μισήσεις πᾶσαν ὑπόκρισιν καὶ πᾶν ὃ μὴ ἀρεστὸν τῷ κυρίῳ

너는 모든 위선과, 주님이 기뻐하시지 않는 모든 것을 미워하라.

Did 4:13 οὐ μὴ ἐγκαταλίπῃς ἐντολὰς κυρίου φυλάξεις δὲ ἃ παρέλαβες μήτε προστιθεὶς μήτε ἀφαιρῶν

주님의 계명을 버리지 말며, 전해 받은 것들에 보태거나 빼지 말고 지켜라.

4:12

Μισήσεις (동, 직, 미, 능, 2, 단) μισέω 미워하다

πᾶσαν (부형, 대, 녀, 단, 원) πᾶς 모든, 각각

ὑπόκρισιν (명, 대, 녀, 단, 보) ὑπόκρισις 허영, 위선

καὶ (등접) καί 그리고

πᾶν (부형, 대, 중, 단, 원) πᾶς 모든, 각각

ὃ (관대, 대, 중, 단) ὅς 무엇

μὴ (계) μή ~아닌

ἀρεστὸν (보형, 주, 중, 단, 원) ἀρεστός 기쁘게 하는

τῷ (관, 여, 남, 단) ὁ 그

κυρίῳ (명, 여, 남, 단, 보) κύριος 주, 주인

4:13

οὐ (부) οὐ 아닌

μὴ (계) μή ~아닌

ἐγκαταλίπῃς (동, 가, 부과, 능, 2, 단) ἐγκαταλείπω 버리다

ἐντολὰς (명, 대, 녀, 복, 보) ἐντολή 계명

κυρίου (명, 속, 남, 단, 보) κύριος 주, 주인

φυλάξεις (동, 직, 미, 능, 2, 단) φυλάσσω 보호하다, 지키다

δὲ (등접) δέ 그러나

ἃ (관대, 대, 중, 복) ὅς 무엇

παρέλαβες (동, 직, 부과, 능, 2, 단) παραλαμβάνω 받다, 가지다

μήτε (부) μήτε 아닌

προστιθεὶς (분, 현, 능, 주, 남, 단) προστίθημι 더하다

ἀφαιρῶν (분, 현, 능, 주, 남, 단) ἀφαιρέω 제거하다

Didache

Did 4:14 ἐν ἐκκλησίᾳ ἐξομολογήσῃ τὰ
παραπτώματά σου καὶ οὐ προσελεύσῃ ἐπὶ
προσευχήν σου ἐν συνειδήσει πονηρᾷ αὕτη
ἐστὶν ἡ ὁδὸς τῆς ζωῆς

교회에서 네 죄를 고백하고 악한 양심으로 기도에 전력하지 말라.
이것이 생명의 길이다.

ἐν (전, 여) ἐν 안에서

ἐκκλησίᾳ (명, 여, 녀, 단, 보) ἐκκλησία 교회

ἐξομολογήσῃ (동, 직, 미, 중간, 2, 단) ἐξομολογέω 고백하다

τὰ (관, 대, 중, 복) ὁ 그

παραπτώματά (명, 대, 중, 복, 보) παράπτωμα 죄

σου (인대, 속, 남, 단) σύ 너, 당신

καὶ (등접) καί 그리고

οὐ (부) οὐ 아닌

προσελεύσῃ (동, 직, 미, 중간, 2, 단) προσέρχομαι 전력하다

ἐπὶ (전, 대) ἐπί 위에

προσευχήν (명, 대, 녀, 단, 보) προσευχή 기도

συνειδήσει (명, 여, 녀, 단, 보) συνείδησις 양심

πονηρᾷ (보형, 여, 녀, 단, 원) πονηρός 악한

αὕτη (지대, 주, 녀, 단) οὗτος 이것

ἐστὶν (동, 직, 현, 능, 3, 단) εἰμί 이다, 있다

ἡ (관, 주, 녀, 단) ὁ 그

ὁδός (명, 주, 녀, 단, 보) ὁδός 길, 방식, 가르침

τῆς (관, 속, 녀, 단) ὁ 그

ζωῆς (명, 속, 녀, 단, 보) ζωή 생명

제1부
두 길

제5장

죽음의 길

5

Didache

Did 5:1 Ἡ δὲ τοῦ θανάτου ὁδὸς ἐστιν αὕτη
πρῶτον πάντων πονηρά ἐστι καὶ κατάρας
μεστή φόνοι μοιχεῖαι ἐπιθυμίαι πορνεῖαι
κλοπαί εἰδωλολατρίαι μαγεῖαι φαρμακίαι
ἁρπαγαί ψευδομαρτυρίαι ὑποκρίσεις
διπλοκαρδία δόλος ὑπερηφανία κακία αὐθάδεια
πλεονεξία αἰσχρολογία ζηλοτυπία θρασύτης
ὕψος ἀλαζονεία

죽음의 길은 이것입니다. 무엇보다도 이 길은 악하고 저주로 가득
차 있습니다. 살인, 간음, 색욕, 음행, 도둑질, 우상 숭배, 마술, 점
술, 강도, 위증, 위선, 표리 부동, 교활, 오만, 악행, 자만, 탐심,
음담 패설, 질투, 무례, 불손, 과장 등이 여기에 속합니다.

5:1

Ἡ (관, 주, 녀, 단) ὁ 그

δὲ (등접) δέ 그러나

τοῦ (관, 속, 남, 단) ὁ 그

θανάτου (명, 속, 남, 단, 보) θάνατος 죽음

ὁδὸς (명, 주, 녀, 단, 보) ὁδός 길, 방식, 가르침

ἐστιν (동, 직, 현, 능, 3, 단) εἰμί 이다, 있다

αὕτη (지대, 주, 녀, 단) οὗτος 이것

πρῶτον (부) / (서형, 대, 중, 단, 원) πρῶτος 첫째

πάντων (부형, 속, 남, 복, 원) πᾶς 모든, 각각

πονηρά (보형, 주, 중, 복, 원) πονηρός 악한

ἐστι (동, 직, 현, 능, 3, 단) εἰμί 이다, 있다

καὶ (등접) καί 그리고

κατάρας (명, 속, 녀, 단, 보) κατάρα 저주

μεστή (보형, 주, 녀, 단, 원) μεστός 가득한

φόνοι (명, 주, 남, 복, 보) φόνος 살인

μοιχεῖαι (명, 주, 녀, 복, 보) μοιχεία 간음

ἐπιθυμίαι (명, 주, 녀, 복, 보) ἐπιθυμία 색욕, 음욕

πορνεῖαι (명, 주, 녀, 복, 보) πορνεία 음행, 매춘

κλοπαί (명, 주, 녀, 복, 보) κλοπή 도둑질

εἰδωλολατρίαι (명, 주, 녀, 복, 보) εἰδωλολατρία 우상숭배

μαγεῖαι (명, 주, 녀, 복, 보) μαγεία 마술

φαρμακίαι (명, 주, 녀, 복, 보) φαρμακεία 점술

ἁρπαγαί (명, 주, 녀, 복, 보) ἁρπαγή 강도

ψευδομαρτυρίαι (명,주,녀,복,보) ψευδομαρτυρία 거짓 증거, 위증

ὑποκρίσεις (명, 대, 녀, 복, 보) ὑπόκρισις 허영, 위선

διπλοκαρδία (명, 주, 녀, 단, 보) διπλοκαρδία 표리부동

δόλος (명, 주, 남, 단, 보) δόλος 속임, 교활

ὑπερηφανία (명, 주, 녀, 단, 보) ὑπερηφανία 거만, 오만

κακία (명, 주, 녀, 단, 보) κακία 원한, 악행

αὐθάδεια (명, 주, 녀, 단, 보) αὐθάδεια 강퍅, 자만

πλεονεξία (명, 주, 녀, 단, 보) πλεονεξία 탐욕

αἰσχρολογία (명, 주, 녀, 단, 보) αἰσχρολογία 음담패설

ζηλοτυπία (명, 주, 녀, 단, 보) ζηλοτυπία 질투

θρασύτης (명, 주, 녀, 단, 보) θρασύτης 무례

ὕψος (명, 주, 중, 단, 보) ὕψος 불손

ἀλαζονεία (명, 주, 녀, 단, 보) ἀλαζονεία 허식, 과장

Didache

Did 5:2   διῶκται ἀγαθῶν μισοῦντες ἀλήθειαν
ἀγαπῶντες ψεῦδος οὐ γινώσκοντες μισθὸν
δικαιοσύνης οὐ κολλώμενοι ἀγαθῷ οὐδὲ κρίσει
δικαίᾳ ἀγρυπνοῦντες οὐκ εἰς τὸ ἀγαθόν ἀλλ᾽
εἰς τὸ πονηρόν ὧν μακρὰν πραΰτης καὶ
ὑπομονή μάταια ἀγαπῶντες διώκοντες
ἀνταπόδομα οὐκ ἐλεοῦντες πτωχόν οὐ
πονοῦντες ἐπὶ καταπονουμένῳ οὐ γινώσκοντες
τὸν ποιήσαντα αὐτούς φονεῖς τέκνων φθορεῖς
πλάσματος θεοῦ ἀποστρεφόμενοι τὸν
ἐνδεόμενον καταπονοῦντες τὸν θλιβόμενον
πλουσίων παράκλητοι πενήτων ἄνομοι κριταί
πανθαμάρτητοι ῥυσθείητε τέκνα ἀπὸ τούτων
ἁπάντων

선한 사람을 박해하는 자들, 진리를 미워하는 자들, 거짓을 사랑하
는 자들, 정의의 대가를 모르는 자들, 선과 연합하지 않는 자들, 옳은
심판과도 연합하지 않는 자들, 선을 위해서가 아니라 악을 위해서 준
비하는 자들, 온유와 인내와는 거리가 먼 자들, 허영을 사랑하는 자
들, 복수를 좇는 자들, 가난한 이를 불쌍히 여기지 않는 자들, 억압
당한 이들을 위해 노력하지 않는 자들, 자신들을 만드신 분을 모르는
자들, 유아 살해자들, 하나님의 창조물을 타락시키는 자들, 궁핍한
자들에게서 등을 돌리는 자들, 억눌린 이들을 짓누르는 자들, 부자들
을 옹호하는 자들, 가난한 자들을 불법으로 심판하는 자들, 온통 죄
악에 물든 자들. 자녀들아, 이 모든 것으로부터 너희들은 구원 받을
것이다.

διώκται (명, 주, 남, 복, 보) διώκτης 박해자, 핍박자

ἀγαθῶν (보형, 속, 중, 복, 원) ἀγαθός 좋은

μισοῦντες (분, 현, 능, 주, 남, 복) μισέω 미워하다

ἀλήθειαν (명, 대, 녀, 단, 보) ἀλήθεια 진리

ἀγαπῶντες (분, 현, 능, 주, 남, 복) ἀγαπάω 사랑하다

ψεῦδος (명, 대, 중, 단, 보) ψεῦδος 거짓

οὐ (부) οὐ 아닌

γινώσκοντες (분, 현, 능, 주, 남, 복) γινώσκω 알다

μισθὸν (명, 대, 남, 단, 보) μισθός 보상, 보답

δικαιοσύνης (명, 속, 녀, 단, 보) δικαιοσύνη 정의

κολλώμενοι (분, 현, 수, 주, 남, 복) κολλάω 연합하다

ἀγαθῷ (보형, 여, 남, 단, 원) ἀγαθός 좋은

οὐδὲ (등접) οὐδέ 아닌

κρίσει (명, 여, 녀, 단, 보) κρίσις 심판

δικαίᾳ (보형, 여, 녀, 단, 원) δίκαιος 의로운

ἀγρυπνοῦντες (분, 현, 능, 주, 남, 복) ἀγρυπνέω 주의 깊다

οὐκ (부) οὐ 아닌

εἰς (전, 대) εἰς 향하여

τὸ (관, 대, 중, 단) ὁ 그

ἀγαθόν (보형, 대, 중, 단, 원) ἀγαθός 좋은

ἀλλ' (등접) ἀλλά 그러나

πονηρόν (보형, 대, 중, 단, 원) πονηρός 악한

ὧν (관대, 속, 녀, 복) ὅς 무엇

μακρὰν (보형, 대, 녀, 단, 원) μακρός 거리가 먼

πραΰτης (명, 주, 녀, 단, 보) πραΰτης 온유, 겸손

καὶ (등접) καί 그리고

ὑπομονή (명, 주, 녀, 단, 보) ὑπομονή 인내

μάταια (보형, 대, 중, 복, 원) μάταιος 허영

ἀγαπῶντες (분, 현, 능, 주, 남, 복) ἀγαπάω 사랑하다

διώκοντες (분, 현, 능, 주, 남, 복) διώκω 추구하다

ἀνταπόδομα (명, 대, 중, 단, 보) ἀνταπόδομα 보복, 복수

ἐλεοῦντες (분, 현, 능, 주, 남, 복) ἐλεέω 불쌍히여기다

πτωχόν (보형, 대, 남, 단, 원) πτωχός 가난한

πονοῦντες (분, 현, 능, 주, 남, 복) πονέω 수고하다

ἐπὶ (전, 여) ἐπί 대하여, 관하여, 위하여

καταπονουμένῳ (분, 현, 수, 여, 남, 단) καταπονέω 억압하다

γινώσκοντες (분, 현, 능, 주, 남, 복) γινώσκω 알다

τὸν (관, 대, 남, 단) ὁ 그

ποιήσαντα (분, 부과, 능, 대, 남, 단) ποιέω 만들다

αὐτούς (인대, 대, 남, 복) αὐτός 그

φονεῖς (명, 주, 남, 복, 보) φονεύς 살인자

τέκνων (명, 속, 중, 복, 보) τέκνον 어린이

φθορεῖς (명, 주, 남, 복, 보) φθορεύς 타락자, 농락꾼

πλάσματος (명, 속, 중, 단, 보) πλάσμα 만들어진 것

θεοῦ (명, 속, 남, 단, 보) θεός 하나님

ἀποστρεφόμενοι (분, 현, 수, 주, 남, 복) ἀποστρέφω 돌아서다

ἐνδεόμενον (분, 현, 중간, 대, 남, 단) ἐνδέω 빈궁에 처하다

καταπονοῦντες (분, 현, 능, 주, 남, 복) καταπονέω 억압하다

θλιβόμενον (분, 현, 수, 대, 남, 단) θλίβω 억압하다, 괴롭히다

πλουσίων (보형, 속, 남, 복, 원) πλούσιος 부유한

παράκλητοι (명, 주, 남, 복, 보) παράκλητος 도우는 자, 옹호자

πενήτων (명, 속, 남, 복, 보) πένης 가난한 자

ἄνομοι (보형, 주, 남, 복, 원) ἄνομος 불법의

κριταί (명, 주, 남, 복, 보) κριτής 심판

πανθαμάρτητοι (보형, 주, 남, 복, 원) πανθαμάρτητος 전적으로 죄 있는

ῥυσθείητε (동, 기, 부과, 수, 2, 복) ῥύομαι 구하다

τέκνα (명, 호, 중, 복, 보) τέκνον 어린이

ἀπὸ (전, 속) ἀπό 부터

τούτων (지대, 속, 중, 복) οὖτος 이것

ἁπάντων (보형, 속, 중, 복, 원) ἄπας 모든

제1부
두 길

제**6**장

두 길의 결론

: 생명을 위한 바른 선택

6

Didache

Did 6:1 Ὅρα μή τίς σε πλανήσῃ ἀπὸ ταύτης τῆς ὁδοῦ τῆς διδαχῆς ἐπεὶ παρεκτὸς θεοῦ σε διδάσκει

아무도 그대를 이 가르침의 길에서 탈선시키지 않도록 조심하십시오. 왜냐하면, 그가 하나님을 떠나서 그대를 가르치기 때문입니다.

Ὅρα (동, 령, 현, 능, 2, 단) ὁράω 주의하다

μή (계) μή ~아닌

τίς (의대, 주, 남, 단) τίς 누가

σε (인대, 대, 남, 단) σύ 너, 당신

πλανήσῃ (동, 가, 부과, 능, 3, 단) πλανάω 그릇 인도하다

ἀπὸ (전, 속) ἀπό 부터

ταύτης (지대, 속, 녀, 단) οὗτος 이것

τῆς (관, 속, 녀, 단) ὁ 그

ὁδοῦ (명, 속, 녀, 단, 보) ὁδός 길, 방식, 가르침

τῆς (관, 속, 녀, 단) ὁ 그

διδαχῆς (명, 속, 녀, 단, 보) διδαχή 가르침, 교훈

ἐπεὶ (종접) ἐπεί 때문에

παρεκτὸς (전, 속) παρεκτός ~범위를 넘어

θεοῦ (명, 속, 남, 단, 보) θεός 하나님

διδάσκει (동, 직, 현, 능, 3, 단) διδάσκω 가르치다

Didache

Did 6:2   εἰ μὲν γὰρ δύνασαι βαστάσαι ὅλον τὸν
ζυγὸν τοῦ κυρίου τέλειος ἔσῃ εἰ δ' οὐ δύνασαι
ὃ δύνῃ τοῦτο ποίει

만약 그대가 주님의 모든 멍에를 질 수 있다면, 그대는 완전해질
것입니다. 그러나 만일 그대가 할 수 없다면,[1] 그대는 할 수 있는
것만을 하십시오.

---

1) 모든 멍에를 질 수 없다면

εἰ (종접) εἰ 만약

μὲν (계) μέν 한편으로는

γὰρ (등접) γάρ 왜냐하면

δύνασαι (동, 직, 현, 중간, 2, 단) δύναμαι 할 수 있다

βαστάσαι (정, 부과, 능) βαστάζω 짐지다, 운반하다

ὅλον (보형, 대, 남, 단, 원) ὅλος 전부의

τὸν (관, 대, 남, 단) ὁ 그

ζυγὸν (명, 대, 남, 단, 보) ζυγός 멍에

τοῦ (관, 속, 남, 단) ὁ 그

κυρίου (명, 속, 남, 단, 보) κύριος 주, 주인

τέλειος (보형, 주, 남, 단, 원) τέλειος 완전한

ἔσῃ (동, 직, 미, 중간, 2, 단) εἰμί 이다, 있다

εἰ (종접) εἰ 만약

δ' (등접) δέ 그러나

οὐ (부) οὐ 아닌

δύνασαι (동, 직, 현, 중간, 2, 단) δύναμαι 할 수 있다

ὅ (관대, 대, 중, 단) ὅς 무엇

δύνῃ (동, 가, 현, 중간, 2, 단) δύναμαι 할수 있다

τοῦτο (지대, 대, 중, 단) οὗτος 이것

ποίει (동, 령, 현, 능, 2, 단) ποιέω 행하다

Didache

Did 6:3   περὶ δὲ τῆς βρώσεως ὃ δύνασαι
βάστασον ἀπὸ δὲ τοῦ εἰδωλοθύτου λίαν
πρόσεχε λατρεία γάρ ἐστι θεῶν νεκρῶν

먹는 것에 대해서는, 그대가 감당 할 수 있는 것을 취하십시오. 우
상에게 바쳐진 음식은 아주 주의하시오. 왜냐하면, 그것은 죽은 신
들을 섬기는 예배이기 때문입니다.

6:3

περὶ (전, 속) περί ~관하여

δὲ (등접) δέ 그러나

τῆς (관, 속, 녀, 단) ὁ 그

βρώσεως (명, 속, 녀, 단, 보) βρῶσις 먹는 것

ὃ (관대, 대, 중, 단) ὅς 무엇

δύνασαι (동, 직, 현, 중간, 2, 단) δύναμαι 할 수 있다

βάστασον (동, 명, 부과, 능, 2, 단) βαστάζω 묶인하다, 취하다

ἀπὸ (전, 속) ἀπό 부터

δὲ (등접) δέ 그러나

τοῦ (관, 속, 중, 단) ὁ 그

εἰδωλοθύτου (보형,속,중,단,원) εἰδωλόθυτος 우상에게 바쳐진 음식

λίαν (부) λίαν 대단히

πρόσεχε (동, 령, 현, 능, 2, 단) προσέχω 주의하다, 조심하다

λατρεία (명, 주, 녀, 단, 보) λατρεία 예배, 의식

γάρ (등접) γάρ 왜냐하면

ἐστι (동, 직, 현, 능, 3, 단) εἰμί 이다, 있다

θεῶν (명, 속, 남, 복, 보) θεός 하나님

νεκρῶν (보형, 속, 남, 복, 원) νεκρός 죽은

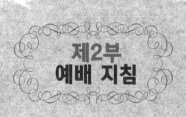

제2부
예배 지침

제7장

세례

7

Didache

Did 7:1   Περὶ δὲ τοῦ βαπτίσματος οὕτω βαπτίσατε ταῦτα πάντα προειπόντες βαπτίσατε εἰς τὸ ὄνομα τοῦ πατρὸς καὶ τοῦ υἱοῦ καὶ τοῦ ἁγίου πνεύματος ἐν ὕδατι ζῶντι

세례에 관해서, 이렇게 세례를 베푸십시오. 이 모든 것을 먼저 말하고 나서 아버지와 아들과 성령의 이름으로 살아 있는 물1)로 세례2)를 베푸십시오.

---

1) 흐르는 물
2) 7:3과 비교하여 초대교회의 세례는 물속에 완전히 잠기는 것(침례)을 말한다.

7:1

Περὶ (전, 속) περί ~관하여

δὲ (등접) δέ 그러나

τοῦ (관, 속, 중, 단) ὁ 그

βαπτίσματος (명, 속, 중, 단, 보) βάπτισμα 세례

οὕτω (부) οὕτω 이런식으로

βαπτίσατε (동, 명, 부과, 능, 2, 복) βαπτίζω 세례를 주다

ταῦτα (지대, 대, 중, 복) ου-τος 이것

πάντα (부형, 대, 중, 복, 원) πᾶς 모든, 각각

προειπόντες (분, 부과, 능, 대, 남, 복) προλέγω 미리말하다

εἰς (전, 대) εἰς 관련하여, 의하여

τὸ (관, 대, 중, 단) ὁ 그

ὄνομα (명,대,중,단,보) ὄνομα 이름. εἰς τὸ ὄνομα ~이름으로, ~관련하여

τοῦ (관, 속, 남, 단) ὁ 그

πατρὸς (명, 속, 남, 단, 보) πατρήρ 아버지

καὶ (등접) καί 그리고

υἱοῦ (명, 속, 남, 단, 보) υἱός 아들

ἁγίου (보형, 속, 중, 단, 원) ἅγιος 거룩한

πνεύματος (명,속,중,단,보) πνεῦμα 성령. ἁγίου πνεύματος 성령

ἐν (전, 여) ἐν 안에서, 의하여

ὕδατι (명, 여, 중, 단, 보) ὕδωρ 물

ζῶντι (분, 현, 부과, 여, 중, 단) ζάω 살다, 활기차다, 생기있다

    ὕδατι ζῶντι 살아있는 물, 흐르는 물

Didache

Did 7:2 ἐὰν δὲ μὴ ἔχῃς ὕδωρ ζῶν εἰς ἄλλο ὕδωρ βάπτισον εἰ δ' οὐ δύνασαι ἐν ψυχρῷ ἐν θερμῷ

만일 그대에게 흐르는 물이 없으면, 다른 물로 세례를 베푸십시오. 찬 물로 할 수 없으면 더운 물로 하십시오.

7:2

ἐὰν (종접) ἐάν 만일

δὲ (등접) δέ 그러나

μὴ (계) μή ~아닌

ἔχῃς (동, 가, 현, 능, 2, 단) ἔχω 가지다

ὕδωρ (명, 대, 중, 단, 보) ὕδωρ 물

ζῶν (분, 현, 능, 대, 중, 단) ζάω 살다, 활기차다, 생기있다

       ὕδωρ ζῶν 흐르는 물, 살아있는물

εἰς (전, 대) εἰς 의하여

ἄλλο (부형, 대, 중, 단, 원) ἄλλος 다른

βάπτισον (동, 명, 부과, 능, 2, 단) βαπτίζω 세례를 주다

εἰ (종접) εἰ 만약

δ' (등접) δέ 그러나

οὐ (부) οὐ 아닌

δύνασαι (동, 직, 현, 중간, 2, 단) δύναμαι 할수 있다

ἐν (전, 여) ἐν 안에서

ψυχρῷ (보형, 여, 중, 단, 원) ψυχρός 차가운

θερμῷ (보형, 여, 중, 단, 원) θερμός 따뜻한

Didache

Did 7:3 ἐὰν δὲ ἀμφότερα μὴ ἔχῃς ἔκχεον εἰς τὴν κεφαλὴν τρὶς ὕδωρ εἰς ὄνομα πατρὸς καὶ υἱοῦ καὶ ἁγίου πνεύματος

그대에게 둘 다 없으면, 아버지와 아들과 성령의 이름으로 머리에 세 번 물을 부으십시오.

7:3

ἐὰν (종접) ἐάν 만일

δὲ (등접) δέ 그러나

ἀμφότερα (기형, 대, 중, 복, 원) ἀμφότεροι 둘다

μὴ (계) μή ~아닌

ἔχῃς (동, 가, 현, 능, 2, 단) ἔχω 가지다

ἔκχεον (동, 명, 부과, 능, 2, 단) ἐκχέω 붓다

εἰς (전, 대) εἰς 향하여, 위에

τὴν (관, 대, 녀, 단) ὁ 그

κεφαλὴν (명, 대, 녀, 단, 보) κεφαλή 머리

τρὶς (부) τρεῖς 세번, 3

ὕδωρ (명, 대, 중, 단, 보) ὕδωρ 물

εἰς (전, 대) εἰς 관련하여

ὄνομα (명, 대, 중, 단, 보) ὄνομα 이름

πατρὸς (명, 속, 남, 단, 보) πατήρ 아버지

καὶ (등접) καί 그리고

υἱοῦ (명, 속, 남, 단, 보) υἱός 아들

ἁγίου (보형, 속, 중, 단, 원) ἅγιος 거룩한

πνεύματος (명, 속, 중, 단, 보) πνεῦμα 성령

Didache

Did 7:4 πρὸ δὲ τοῦ βαπτίσματος
προνηστευσάτω ὁ βαπτίζων καὶ ὁ βαπτιζόμενος
καὶ εἴ τινες ἄλλοι δύνανται κελεύεις δὲ
νηστεῦσαι τὸν βαπτιζόμενον πρὸ μιᾶς ἢ δύο

세례 전에 세례자와 수세자는 미리 금식하십시오. 그리고 다른 이들도 할 수 있으면 금식해야 합니다. 그대는 하루나 이틀 전에 수세자에게 금식하라고 명령하십시오.

πρὸ (전, 속) πρό 이전에

δὲ (등접) δέ 그러나

τοῦ (관, 속, 중, 단) ὁ 그

βαπτίσματος (명, 속, 중, 단, 보) βάπτισμα 세례

προνηστευσάτω (동, 령, 현, 능, 3, 단) προνηστεύω 미리 금식하다

ὁ (관, 주, 남, 단) ὁ 그

βαπτίζων (분, 현, 능, 주, 남, 단) βαπτίζω 세례를 주다

καὶ (등접) καί 그리고

βαπτιζόμενος (분, 현, 수, 주, 남, 단) βαπτίζω 세례를 주다

εἴ (종접) εἰ 만약

τινες (부대, 주, 남, 복) τὶς 누가

ἄλλοι (부형, 주, 남, 복, 원) ἄλλος 다른

δύνανται (동, 직, 현, 중간, 3, 복) δύναμαι 할수 있다

κελεύεις (동, 직, 현, 능, 2, 단) κελεύω 명령하다

νηστεῦσαι (정, 부과, 능) νηστεύω 금식하다

τὸν (관, 대, 남, 단) ὁ 그

βαπτιζόμενον (분, 현, 수, 대, 남, 단) βαπτίζω 세례를 주다

πρὸ (전, 속) πρό 이전에

μιᾶς (기형, 속, 녀, 단, 원) εἷς 하나

ἢ (등접) ἤ 혹은

δύο (기형, 속, 녀, 복, 원) δύο 둘

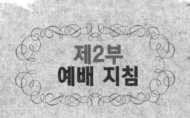

제2부
예배 지침

제8장

금식과 기도

8

Didache

Did 8:1   Αἱ δὲ νηστεῖαι ὑμῶν μὴ ἔστωσαν μετὰ τῶν ὑποκριτῶν νηστεύουσι γὰρ δευτέρᾳ σαββάτων καὶ πέμπτῃ ὑμεῖς δὲ νηστεύσατε τετράδα καὶ παρασκευήν

여러분은 금식할 때 위선자 처럼 금식하지 마십시오.[1] 위선자는 매주 둘째 날(월요일)과 다섯째 날(목요일)에 금식합니다. 여러분은 매주 넷째 날(수요일)과 준비일(금요일)에 금식하시오.[2]

---

1) 여러분의 금식은 위선자들의 그것과 함께 하지 마십시오.
2) 수요일은 체포되신 날, 금요일은 처형당하신 날입니다. 그리고 유대인들의 금식날은 모세가 시내산에 올라가고 내려오는 날과 관련이 있습니다.

8:1

Αἱ (관, 주, 녀, 복) ὁ 그

δὲ (등접) δέ 그러나

νηστεῖαι (명, 주, 녀, 복, 보) νηστεία 금식

ὑμῶν (인대, 속, 남, 복) σύ 너, 당신

μὴ (계) μή ～아닌

ἔστωσαν (동, 령, 현, 능, 3, 복) εἰμί 이다, 있다

μετὰ (전, 속) μετά 함께

τῶν (관, 속, 남, 복) ὁ 그

ὑποκριτῶν (명, 속, 남, 복, 보) ὑποκριτής 위선자

νηστεύουσι (동, 직, 현, 능, 3, 복) νηστεύω 금식하다

γὰρ (등접) γάρ 왜냐하면

δευτέρᾳ (서형, 여, 녀, 단, 원) δεύτερος 둘째

σαββάτων (명, 여, 중, 복, 보) σάββατον 주(week), 안식일

καὶ (등접) καί 그리고

πέμπτῃ (서형, 여, 녀, 단, 원) πέμπτος 다섯째

ὑμεῖς (인대, 주, 남, 복) σύ 너, 당신

νηστεύσατε (동, 명, 부과, 능, 2, 복) νηστεύω 금식하다

τετράδα (명, 대, 녀, 단, 보) τετράς 주중 넷째날 (수요일)

παρασκευήν (명, 대, 녀, 단, 보) παρασκευή 준비의 날 (금요일)

Didache

Did 8:2 μηδὲ προσεύχεσθε ὡς οἱ ὑποκριταί ἀλλ᾽
ὡς ἐκέλευσεν ὁ κύριος ἐν τῷ εὐαγγελίῳ αὐτοῦ
οὕτω προσεύχεσθε

Πάτερ ἡμῶν ὁ ἐν τῷ οὐρανῷ
ἁγιασθήτω τὸ ὄνομά σου
ἐλθέτω ἡ βασιλεία σου
γενηθήτω τὸ θέλημά σου ὡς ἐν οὐρανῷ καὶ ἐπὶ γῆς

τὸν ἄρτον ἡμῶν τὸν ἐπιούσιον δὸς ἡμῖν σήμερον
καὶ ἄφες ἡμῖν τὴν ὀφειλὴν ἡμῶν ὡς καὶ ἡμεῖς
ἀφίεμεν τοῖς ὀφειλέταις ἡμῶν
καὶ μὴ εἰσενέγκῃς ἡμᾶς εἰς πειρασμόν
ἀλλὰ ῥῦσαι ἡμᾶς ἀπὸ τοῦ πονηροῦ ὅτι σοῦ ἐστιν ἡ
δύναμις καὶ ἡ δόξα εἰς τοὺς αἰῶνας

Didache

여러분은 위선자처럼 기도하지 말고,

주께서 그의 복음서에서 명하신 대로 이렇게 기도하십시오.

하늘에 계신 우리의 아버지,

당신의 이름이 거룩히 여김을 받으시오며

당신의 나라가 임하옵시며

당신의 뜻이 하늘에서처럼 땅 위에서도 이루어지소서.

오늘날 우리에게 일용할 양식을 주시고,

우리가 우리에게 빚진 이들을 용서하듯이,

우리에게도 우리 빚을 용서하시며,

우리를 시험으로 빠지지 않게 하시고

우리를 악에서 구하소서.

권능과 영광이 영원히 당신 것이기 때문입니다.

8:2

μηδὲ (계) μηδέ 그러나 아닌, 그리고 아닌

προσεύχεσθε (동, 령, 현, 중간, 2, 복) προσεύχομαι 기도하다

ὡς (부) ὡς 처럼, 같이

οἱ (관, 주, 남, 복) ὁ 그

ὑποκριταί (명, 주, 남, 복, 보) ὑποκριτής 위선자

ἀλλ' (등접) ἀλλά 그러나

ὡς (부) ὡς 처럼, 같이

ἐκέλευσεν (동, 직, 부과, 능, 3, 단) κελεύω 명령하다

ὁ (관, 주, 남, 단) ὁ 그

κύριος (명, 주, 남, 단, 보) κύριος 주, 주인

ἐν (전, 여) ἐν 안에서

τῷ (관, 여, 중, 단) ὁ 그

εὐαγγελίῳ (명, 여, 중, 단, 보) εὐαγγέλιον 복음

αὐτοῦ (인대, 속, 남, 단) αὐτός 그것

οὕτω (부) οὕτω 이런식으로

Πάτερ (nvmsc) πατήρ 아버지

ἡμῶν (인대, 속, 남, 복) ἐγώ 나

ἐν (전, 여) ἐν 안에서

τῷ (관, 여, 남, 단) ὁ 그

οὐρανῷ (명, 여, 남, 단, 보) οὐρανός 하늘

ἁγιασθήτω (동, 명, 부과, 수, 3, 단) ἁγιάζω 신성하게 하다

τὸ (관, 주, 중, 단) ὁ 그

ὄνομά (명, 주, 중, 단, 보) ὄνομα 이름

σου (인대, 속, 남, 단) σύ 너, 당신

ἐλθέτω (동, 명, 부과, 능, 3, 단) ἔρχομαι 오다

ἡ (관, 주, 녀, 단) ὁ 그

8:2

βασιλεία (명, 주, 녀, 단, 보) βασιλεία 왕국

γενηθήτω (동, 명, 부과, 수, 3, 단) γίνομαι 이루어지다

θέλημά (명, 주, 중, 단, 보) θέλημα 뜻, 의도

ὡς (부) ὡς 처럼, 같이

ἐν (전, 여) ἐν 안에서

καὶ (등접) καί 역시

ἐπὶ (전, 속) ἐπί 위에

γῆς (명, 속, 녀, 단, 보) γῆ 땅

τὸν (관, 대, 남, 단) ὁ 그

ἄρτον (명, 대, 남, 단, 보) ἄρτος 떡, 빵, 양식

ἡμῶν (인대, 속, 남, 복) ἐγώ 나

ἐπιούσιον (보형, 대, 남, 단, 원) ἐπιούσιος 오늘을 위해서, 다음날을 위해서,
        미래를 위해서, 존재를 위해서 필요한

δὸς (동, 명, 부과, 능, 2, 단) δίδωμι 주다

ἡμῖν (인대, 여, 남, 복) ἐγώ 나

σήμερον (부) σήμερον 오늘

καὶ (등접) καί 그리고

ἄφες (동, 명, 부과, 능, 2, 단) ἀφίημι 용서하다

τὴν (관, 대, 녀, 단) ὁ 그

ὀφειλὴν (명, 대, 녀, 단, 보) ὀφειλή 빚, 죄

ἡμεῖς (인대, 주, 남, 복) ἐγώ 나

ἀφίεμεν (동, 직, 현, 능, 1, 복) ἀφίημι 용서하다

τοῖς (관, 여, 남, 복) ὁ 그

ὀφειλέταις (명, 여, 남, 복, 보) ὀφειλέτης 빚진 자

μὴ (계) μή ~아닌

εἰσενέγκῃς (동, 가, 부과, 능, 2, 단) εἰσφέρω 데려가다

8:2

ἡμᾶς (인대, 대, 남, 복) ἐγώ 나

εἰς (전, 대) εἰς 향하여

πειρασμόν (명, 대, 남, 단, 보) πειρασμός 시험, 유혹

ἀλλά (등접) ἀλλά 그러나

ῥῦσαι (동, 명, 부과, 중간, 2, 단) ῥύομαι 구하다

ἀπὸ (전, 속) ἀπό 부터

τοῦ (관, 속, 남, 단) ὁ 그

πονηροῦ (보형, 속, 남, 단, 원) πονηρός 악한

ὅτι (종접) ὅτι 왜냐하면

σοῦ (인대, 속, 남, 단) σύ 너, 당신

ἐστιν (동, 직, 현, 능, 3, 단) εἰμί 이다, 있다

δύναμις (명, 주, 녀, 단, 보) δύναμις 권능

δόξα (명, 주, 녀, 단, 보) δόξα 영광

τοὺς (관, 대, 남, 복) ὁ 그

αἰῶνας (명, 대, 남, 복, 보) αἰών 영원

Didache

Did 8:3   τρὶς τῆς ἡμέρας οὕτω προσεύχεσθε

여러분은 하루에 세 번 이렇게 기도하십시오.

Διδαχη

τρις (부) τρεῖς 세번, 3

τῆς (관, 속, 녀, 단) ὁ 그

ἡμέρας (명, 속, 녀, 단, 보) ἡμέρα 낮, 하루의 날

οὕτω (부) οὕτω 이런식으로

προσεύχεσθε (동, 령, 현, 중간, 2, 복) προσεύχομαι 기도하다

제2부
예배 지침

제9장

성찬

Didache

Did 9:1 Περὶ δὲ τῆς εὐχαριστίας οὕτως εὐχαριστήσατε

성찬에 관해서, 여러분은 이렇게 감사하십시오. [1]

---

1) 혹은 기도하십시오.

Περὶ (전, 속) περί ~관하여

δὲ (등접) δέ 그러나

τῆς (관, 속, 녀, 단) ὁ 그

εὐχαριστίας (명, 속, 녀, 단, 보) εὐχαριστία 성찬, 감사

οὕτως (부) οὕτω 이런식으로

εὐχαριστήσατε (동, 명, 부과, 능, 2, 복)

εὐχαριστέω 성찬식을 거행하다, 감사하다, 기도하다

Didache

Did 9:2   πρῶτον περὶ τοῦ ποτηρίου

Εὐχαριστοῦμέν σοι πάτερ ἡμῶν ὑπὲρ τῆς ἁγίας
ἀμπέλου Δαυεὶδ τοῦ παιδός σου ἧ ἐγνώρισας
ἡμῖν διὰ Ἰησοῦ τοῦ παιδός σου σοὶ
ἡ δόξα εἰς τοὺς αἰῶνας

첫째 잔에 대해서

우리 아버지시여, 당신의 종 예수를 통해 우리에게 알려 주신 당신의 종 다윗의 거룩한 포도나무로 인해서 우리는 당신께 감사 드립니다.

당신께 영광이 영원히.

πρῶτον (부)/(서형, 대, 중, 단, 원) πρῶτος 첫째

περὶ (전, 속) περί ~관하여

τους (관, 속, 중, 단) ὁ 그

ποτηρίου (명, 속, 중, 단, 보) ποτήριον 잔

Εὐχαριστοῦμέν (동, 직, 현, 능, 1, 복)
        εὐχαριστέω 성찬식을 거행하다, 감사하다, 기도하다

σοι (인대, 여, 남, 단) σύ 너, 당신

πάτερ (명, 호, 남,, 단, 보) πατήρ 아버지

ἡμῶν (인대, 속, 남, 복) ἐγώ 나

ὑπὲρ (전, 속) ὑπέρ 위하여

τῆς (관, 속, 녀, 단) ὁ 그

ἁγίας (보형, 속, 녀, 단, 원) ἅγιος 거룩한

ἀμπέλου (명, 속, 녀, 단, 보) ἄμπελος 포도나무

Δαυεὶδ (명, 속, 남, 단, 고) Δαυεὶδ 다윗

τοῦ (관, 속, 남, 단) ὁ 그

παιδός (명, 속, 남, 단, 보) παῖς 아들, 종

σου (인대, 속, 남, 단) σύ 너, 당신

ἧς (관대, 속, 녀, 단) ὅ 무엇

ἐγνώρισας (동, 직, 부과, 능, 2, 단) γνωρίζω 나타내다

ἡμῖν (인대, 여, 남, 복) ἐγώ 나

διὰ (전, 속) διά ~통하여

Ἰησοῦ (명, 속, 남, 단, 고) Ἰησοῦς 예수

τοῦ (관, 속, 남, 단) ὁ 그

παιδός (명, 속, 남, 단, 보) παῖς 아들, 종

σου (인대, 속, 남, 단) σύ 너, 당신

σοὶ (인대, 여, 남, 복) σύ 너, 당신

ἡ (관, 주, 녀, 단) ὁ 그

δόξα (명, 주, 녀, 단, 보) δόξα 영광

εἰς (전, 대) εἰς 향하여

τοὺς (관, 대, 남, 복) ὁ 그

αἰῶνας (명, 대, 남, 복, 보) αἰών 영원

Didache

Did 9:3   περὶ δὲ τοῦ κλάσματος

Εὐχαριστοῦμέν σοι πάτερ ἡμῶν ὑπὲρ τῆς ζωῆς
καὶ γνώσεως ἧς ἐγνώρισας ἡμῖν διὰ Ἰησοῦ τοῦ
παιδός σου σοὶ
ἡ δόξα εἰς τοὺς αἰῶνας

빵 조각에 대해서

우리 아버지시여! 당신의 종 예수를 통해 우리에게 알려 주신 생명
과 지식을 인해서 우리는 당신께 감사 드립니다.

당신께 영광이 영원히.

περὶ (전, 속) περί ~관하여

δὲ (등접) δέ 그러나

τοῦ (관, 속, 중, 단) ὁ 그

κλάσματος (명, 속, 중, 단, 보) κλάσμα 빵 조각

Εὐχαριστοῦμέν (동, 직, 현, 능, 1, 복)
εὐχαριστέω 성찬식을 거행하다, 감사하다, 기도하다

σοι (인대, 여, 남, 단) σύ 너, 당신

πάτερ (명, 호, 남, 단, 보) πατήρ 아버지

ἡμῶν (인대, 속, 남, 복) ἐγώ 나

ὑπὲρ (전, 속) ὑπέρ 위하여

τῆς (관, 속, 녀, 단) ὁ 그

ζωῆς (명, 속, 녀, 단, 보) ζωή 생명

καὶ (등접) καί 그리고

γνώσεως (명, 속, 녀, 단, 보) γνῶσις 지식

ἧ (관대, 속, 녀, 단) ὅς 무엇

ἐγνώρισας (동, 직, 부과, 능, 2, 단) γνωρίζω 나타내다

ἡμῖν (인대, 여, 남, 복) ἐγώ 나

διὰ (전, 속) διά ~통하여

Ἰησοῦ (명, 속, 남, 단, 고) Ἰησοῦς 예수

τοῦ (관, 속, 남, 단) ὁ 그

παιδός (명, 속, 남, 단, 보) παῖς 아들, 종

σου (인대, 속, 남, 단) σύ 너, 당신

σοὶ (인대, 여, 남, 복) σύ 너, 당신

ἡ (관, 주, 녀, 단) ὁ 그

δόξα (명, 주, 녀, 단, 보) δόξα 영광

εἰς (전, 대) εἰς 향하여

τοὺς (관, 대, 남, 복) ὁ 그

αἰῶνας (명, 대, 남, 복, 보) αἰών 영원

Didache

Did 9:4 ὥσπερ ἦν τοῦτο τὸ κλάσμα
διεσκορπισμένον ἐπάνω τῶν ὀρέων καὶ
συναχθὲν ἐγένετο ἕν οὕτω συναχθήτω σου ἡ
ἐκκλησία ἀπὸ τῶν περάτων τῆς γῆς εἰς τὴν
σὴν βασιλείαν
ὅτι σοῦ ἐστιν ἡ δόξα καὶ ἡ δύναμις διὰ Ἰησοῦ
Χριστοῦ εἰς τοὺς αἰῶνας

이 빵 조각이 여러 언덕 위에 흩어졌다가 모여 하나가 된 것처럼,
당신의 교회도 땅 끝에서부터 당신 나라로 모여들게 하옵소서.

영광과 권능이 예수 그리스도로 말미암아 영원히 당신 것이기 때
문입니다.

ὥσπερ (종접) ὥσπερ 처럼

ἦν (동, 직, 미완, 능, 3, 단) εἰμί 이다, 있다

τοῦτο (지대, 주, 중, 단) οὗτος 이것

τὸ (관, 주, 중, 단) ὁ 그

κλάσμα (명, 주, 중, 단, 보) κλάσμα 빵조각

διεσκορπισμένον (분, 미래완, 수, 주, 중, 단) διασκορπίζω 흩다

ἐπάνω (전, 속) ἐπάνω 위에

τῶν (관, 속, 중, 복) ὁ 그

ὀρέων (명, 속, 중, 복, 보) ὄρος 산, 언덕

καὶ (등접) καί 그리고

συναχθὲν (분, 부과, 수, 주, 중, 단) συνάγω 모으다

ἐγένετο (동, 직, 부과, 중간, 3, 단) γίνομαι 되다

ἕν (기형, 주, 중, 단, 원) εἷς 하나

οὕτω (부) οὕτω 이런식으로

συναχθήτω (동, 명, 부과, 수, 3, 단) συνάγω 모으다

σου (인대, 속, 남, 단) σύ 너, 당신

ἡ (관, 주, 녀, 단) ὁ 그

ἐκκλησία (명, 주, 녀, 단, 보) ἐκκλησία 교회

ἀπὸ (전, 속) ἀπό 부터

τῶν (관, 속, 중, 복) ὁ 그

περάτων (명, 속, 중, 복, 보) πέρας 끝

τῆς (관, 속, 녀, 단) ὁ 그

γῆς (명, 속, 녀, 단, 보) γῆ 땅

εἰς (전, 대) εἰς 향하여

τὴν (관, 대, 녀, 단) ὁ 그

σὴν (소형, 대, 녀, 단, 원) σός 당신의, 당신의 것

βασιλείαν (명, 대, 녀, 단, 보) βασιλεία 왕국

ὅτι (종접) ὅτι 왜냐하면

σοῦ (인대, 속, 남, 단) σύ 너, 당신

ἐστιν (동, 직, 현, 능, 3, 단) εἰμί 이다, 있다

ἡ (관, 주, 녀, 단) ὁ 그

δόξα (명, 주, 녀, 단, 보) δόξα 영광

ἡ (관, 주, 녀, 단) ὁ 그

δύναμις (명, 주, 녀, 단, 보) δύναμις 권능

διὰ (전, 속) διά ~통하여

’Ιησοῦ (명, 속, 남, 단, 고) ’Ιησοῦς 예수

Χριστοῦ (명, 속, 남, 단, 고) Χριστός 그리스도

εἰς (전, 대) εἰς 향하여

τοὺς (관, 대, 남, 복) ὁ 그

αἰῶνας (명, 대, 남, 복, 보) αἰών 영원

Didache

Did 9:5 μηδεὶς δὲ φαγέτω μηδὲ πιέτω ἀπὸ τῆς εὐχαριστίας ὑμῶν ἀλλ' οἱ βαπτισθέντες εἰς ὄνομα κυρίου καὶ γὰρ περὶ τούτου εἴρηκεν ὁ κύριος Μὴ δῶτε τὸ ἅγιον τοῖς κυσί

주님의 이름으로 세례를 받은 사람들 이외에는 아무도 당신의 성찬을 먹거나 마시지 않도록 하십시오. 왜냐하면, 이것에 대해 주님께서는 이렇게 말씀하셨습니다. "거룩한 것을 개들에게 주지 마라."

μηδεὶς (부대, 주, 남, 단) μηδείς 아무도 아닌, 아무것도 아닌

δὲ (등접) δέ 그러나

φαγέτω (동, 명, 부과, 능, 3, 단) ἐσθίω 먹다

μηδὲ (계) μηδέ 그러나 아닌, 그리고 아닌

πιέτω (동, 명, 부과, 능, 3, 단) πίνω 마시다

ἀπὸ (전, 속) ἀπό 부터

τῆς (관, 속, 녀, 단) ὁ 그

εὐχαριστίας (명, 속, 녀, 단, 보) εὐχαριστία 성찬, 감사

ὑμῶν (인대, 속, 남, 복) σύ 너, 당신

ἀλλ’ (등접) ἀλλά 그러나

οἱ (관, 주, 남, 복) ὁ 그

βαπτισθέντες (분, 부과, 수, 주, 남, 복) βαπτίζω 세례를 주다

εἰς (전, 대) εἰς 관련하여

ὄνομα (명, 대, 중, 단, 보) ὄνομα 이름

κυρίου (명, 속, 남, 단, 보) κύριος 주, 주인

καὶ (등접) καί 그리고

γὰρ (등접) γάρ 왜냐하면

περὶ (전, 속) περί ~관하여

τούτου (지대, 속, 중, 단) οὗτος 이것

εἴρηκεν (동, 직, 미래완, 능, 3, 단) λέγω 말하다

ὁ (관, 주, 남, 단) ὁ 그

κύριος (명, 주, 남, 단, 보) κύριος 주, 주인

Μὴ (계) μή ~아닌

δῶτε (동, 가, 부과, 능, 2, 복) δίδωμι 주다

τὸ (관, 대, 중, 단) ὁ 그

ἅγιον (보형, 대, 남, 단, 원) ἅγιος 거룩한

τοῖς (관, 여, 남, 복) ὁ 그

κυσί (명, 여, 남, 복, 보) κύων 개

제10장

애찬

10

Didache

Did 10:1 Μετὰ δὲ τὸ ἐμπλησθῆναι οὕτως εὐχαριστήσατε

여러분은 만족하게 먹은 후에 이렇게 감사하십시오.

Μετὰ (전, 대) μετά 후에

δὲ (등접) δέ 그러나

τὸ (관, 대, 중, 단) ὁ 그

ἐμπλησθῆναι (정, 부과, 수) ἐμπίπλημι 채우다, 만족해 하다

οὕτως (부) οὕτω 이런식으로

εὐχαριστήσατε (동, 명, 부과, 능, 2, 복)

     εὐχαριστέω 성찬식을 거행하다, 감사하다, 기도하다

Didache

Did 10:2 Εὐχαριστοῦμέν σοι πάτερ ἅγιε ὑπὲρ

τοῦ ἁγίου ὀνόματός σου οὗ κατεσκήνωσας ἐν

ταῖς καρδίαις ἡμῶν καὶ ὑπὲρ τῆς γνώσεως καὶ

πίστεως καὶ ἀθανασίας ἧς ἐγνώρισας ἡμῖν διὰ

Ἰησοῦ τοῦ παιδός σου

σοὶ ἡ δόξα εἰς τοὺς αἰῶνας

거룩하신 아버지, 당신께서 우리 마음에 머무르게 하신 당신의 거룩한 이름을 위하여, 또 당신 종 예수를 통해 우리에 게 주신 지식과 믿음과 영생을 위하여[1] 우리는 당신께 감사 드립니다.

당신께 영광이 영원히.

---

1) 하나님께서 우리 가슴 속에 거함으로써 우리는 구원, 지식, 믿음 그리고 영생을 얻었다. 그리고 구원이란 영생과 지식(9:3)을 말하는데 여기서는 지식과 믿음과 불멸을 포함하였다. 본문에서는 불멸을 영생으로 번역하였다.

Εὐχαριστοῦμέν (동, 직, 현, 능, 1, 복)

      εὐχαριστέω 성찬식을 거행하다, 감사하다, 기도하다

σοι (인대, 여, 남, 단) σύ 너, 당신

πάτερ (명, 호, 남,, 단, 보) πατήρ 아버지

ἅγιε (보형, 호, 남, 단, 원) ἅγιος 거룩한

ὑπὲρ (전, 속) ὑπέρ 위하여

τοῦ (관, 속, 중, 단) ὁ 그

ἁγίου (보형, 속, 중, 단, 원) ἅγιος 거룩한

ὀνόματός (명, 속, 중, 단, 보) ὄνομα 이름

σου (인대, 속, 남, 단) σύ 너, 당신

οὗ (관대, 속, 중, 단) ὅς 무엇

κατεσκήνωσας (동, 직, 부과, 능, 2, 단) κατασκηνόω 거주하다

ἐν (전, 여) ἐν 안에서

ταῖς (관, 여, 녀, 복) ὁ 그

καρδίαις (명, 여, 녀, 복, 보) καρδία 마음

ἡμῶν (인대, 속, 남, 복) ἐγώ 나

καὶ (등접) καί 그리고

ὑπὲρ (전, 속) ὑπέρ 위하여

τῆς (관, 속, 녀, 단) ὁ 그

γνώσεως (명, 속, 녀, 단, 보) γνῶσις 지식

πίστεως (명, 속, 녀, 단, 보) πίστις 믿음

ἀθανασίας (명, 속, 녀, 단, 보) ἀθανασία 불멸

ἧς (관대, 속, 녀, 단) ὅς 무엇

ἐγνώρισας (동, 직, 부과, 능, 2, 단) γνωρίζω 나타내다

ἡμῖν (인대, 여, 남, 복) ἐγώ 나

διὰ (전, 속) διά ~통하여

10:2

Ἰησοῦ (명, 속, 남, 단, 고) Ἰησοῦς 예수

τοῦ (관, 속, 남, 단) ὁ 그

παιδός (명, 속, 남, 단, 보) παῖς 아들, 종

σου (인대, 속, 남, 단) σύ 너, 당신

σοὶ (인대, 여, 남, 복) σύ 너, 당신

ἡ (관, 주, 녀, 단) ὁ 그

δόξα (명, 주, 녀, 단, 보) δόξα 영광

εἰς (전, 대) εἰς 향하여

τοὺς (관, 대, 남, 복) ὁ 그

αἰῶνας (명, 대, 남, 복, 보) αἰών 영원

Didache

Did 10:3 σύ δέσποτα παντοκράτορ ἔκτισας τὰ πάντα ἕνεκεν τοῦ ὀνόματός σου τροφήν τε καὶ ποτὸν ἔδωκας τοῖς ἀνθρώποις εἰς ἀπόλαυσιν ἵνα σοι εὐχαριστήσωσιν ἡμῖν δὲ ἐχαρίσω πνευματικὴν τροφὴν καὶ ποτὸν καὶ ζωὴν αἰώνιον διὰ τοῦ παιδός σου

전능하신 주님, 당신은 당신 이름을 위해서 만물을 창조하셨습니다. 당신은 사람들의 즐거움을 위해서 사람들에게 양식과 음료 등을 주셨습니다. 그래서 사람들은 당신께 감사드립니다. 그러나 당신의 종을 통하여 당신은 우리에게 영적 양식과 음료와 영생을 거저 베풀어 주셨습니다.

σύ (인대, 호, 남, 단) σύ 너, 당신

δέσποτα (명, 호, 남, 단, 보) δεσπότης 주, 주님

παντοκράτορ (명, 호, 남,, 단, 보) παντοκράτωρ 전능한

ἔκτισας (동, 직, 부과, 능, 2, 단) κτίζω 창조하다

τὰ (관, 대, 중, 복) ὁ 그

πάντα (부형, 대, 중, 복, 원) πᾶς 모든, 각각

ἕνεκεν (전, 속) ἕνεκα 위하여

τοῦ (관, 속, 중, 단) ὁ 그

ὀνόματός (명, 속, 중, 단, 보) ὄνομα 이름

σου (인대, 속, 남, 단) σύ 너, 당신

τροφήν (명, 대, 녀, 단, 보) τροφή 양식, 음식

τε (등접) τε 그리고, 등등

καὶ (등접) καί 그리고

ποτὸν (보형, 대, 중, 단, 원) ποτός 마시는 것

ἔδωκας (동, 직, 부과, 능, 2, 단) δίδωμι 주다

τοῖς (관, 여, 남, 복) ὁ 그

ἀνθρώποις (명, 여, 남, 복, 보) ἄνθρωπος 사람

εἰς (전, 대) εἰς 향하여

ἀπόλαυσιν (명, 대, 녀, 단, 보) ἀπόλαυσις 즐거움

ἵνα (종접) ἵνα ~하기 위하여

σοι (인대, 여, 남, 단) σύ 너, 당신

εὐχαριστήσωσιν (동, 가, 부과, 능, 3, 복)

        εὐχαριστε,ω 성찬식을 거행하다, 감사하다, 기도하다

ἡμῖν (인대, 여, 남, 복) ἐγώ 나

δὲ (등접) δέ 그러나

ἐχαρίσω (동, 직, 부과, 중간, 2, 단) χαρίζομαι 무료로 주다

πνευματικὴν (보형, 대, 녀, 단, 원) πνευματικός 영적인

τροφὴν (명, 대, 녀, 단, 보) τροφή 양식, 음식

ποτὸν (보형, 대, 중, 단, 원) ποτός 마시는 것

ζωὴν (명, 대, 녀, 단, 보) ζωή 생명

αἰώνιον (보형, 대, 녀, 단, 원) αἰώνιος 영원한

διὰ (전, 속) διά ~통하여

τοῦ (관, 속, 남, 단) ὁ 그

παιδός (명, 속, 남, 단, 보) παῖς 아들, 종

σου (인대, 속, 남, 단) σύ 너, 당신

Didache

Did 10:4   πρὸ πάντων εὐχαριστοῦμέν σοι ὅτι
δυνατὸς εἶ σοί ἡ δόξα εἰς τοὺς αἰῶνας

당신이 능하시기 때문에 우리가 무엇보다 먼저[2] 당신께 감사드립니다.

당신께 영광이 영원히!

---

[2] 직역하면 "우리가 모든 것 앞에서"

Διδαχη

πρὸ (전, 속) πρό 이전에

πάντων (부형, 속, 중, 복, 원) πᾶς 모든, 각각

εὐχαριστοῦμέν (동, 직, 현, 능, 1, 복)

　　　　εὐχαριστέω 성찬식을 거행하다, 감사하다, 기도하다

σοι (인대, 여, 남, 단) σύ 너, 당신

ὅτι (종접) ὅτι 왜냐하면

δυνατὸς (보형, 주, 남, 단, 원) δυνατός 강력한, 능력있는

εἶ (동, 직, 현, 능, 2, 단) εἰμί 이다, 있다이다, 있다

σοὶ (인대, 여, 남, 복) σύ 너, 당신

ἡ (관, 주, 녀, 단) ὁ 그녀

δόξα (명, 주, 녀, 단, 보) δόξα 영광

εἰς (전, 대) εἰς 향하여

τοὺς (관, 대, 남, 복) ὁ 그

αἰῶνας (명, 대, 남, 복, 보) αἰών 영원

Didache

Did 10:5   μνήσθητι κύριε τῆς ἐκκλησίας σου
τοῦ ῥύσασθαι αὐτὴν ἀπὸ παντὸς πονηροῦ καὶ
τελειῶσαι αὐτὴν ἐν τῇ ἀγάπῃ σου καὶ σύναξον
αὐτὴν ἀπὸ τῶν τεσσάρων ἀνέμων τὴν
ἁγιασθεῖσαν εἰς τὴν σὴν βασιλείαν ἥν
ἡτοίμασας αὐτῇ ὅτι σοῦ ἐστιν ἡ δύναμις καὶ ἡ
δόξα εἰς τοὺς αἰῶνας

주님, 악에서 교회를 구하시고 교회를 당신 사랑으로 완전케 하기
위해서 당신 교회를 기억해 주십시오. 또한 교회를, 거룩해진 교회
를, 교회를 위해서 당신이 준비하신 하나님 나라를 향해 사방에서
모으소서.[3] 왜냐하면, 권능과 영광이 영원히 당신 것이기 때문입
니다.

---

3) 또한 교회를, 교회를 위해서 당신이 준비하신 하나님나라를 위해 거룩해진 교회를 사방에
서 모으소서.

μνήσθητι (동, 령, 부과, 수, 2, 단) μιμνήσκομαι 기억하다

κύριε (명, 호, 남, 단, 보) κύριος 주, 주인

τῆς (관, 속, 녀, 단) ὁ 그녀

ἐκκλησίας (명, 속, 녀, 단, 보) ἐκκλησία 교회

σου (인대, 속, 남, 단) σύ 너, 당신

τοῦ (관, 속, 중, 단) ὁ 그것

ῥύσασθαι (정, 부과, 중간) ῥύομαι 구하다

αὐτὴν (인대, 대, 녀, 단) αὐτός 그녀

ἀπὸ (전, 속) ἀπό 부터

παντὸς (부형, 속, 중, 단, 원) πᾶς 모든, 각각

πονηροῦ (보형, 속, 중, 단, 원) πονηρός 악한

καὶ (등접) καί 그리고

τελειῶσαι (정, 부과, 능) τελειόω 완전하게하다

αὐτὴν (인대, 대, 녀, 단) αὐτός 그녀

ἐν (전, 여) ἐν 안에서

τῇ (관, 여, 녀, 단) ὁ 그녀

ἀγάπῃ (명, 여, 녀, 단, 보) ἀγάπη 사랑

σου (인대, 속, 남, 단) σύ 너, 당신

σύναξον (동, 령, 부과, 능, 2, 단) συνάγω 모으다

αὐτὴν (인대, 대, 녀, 단) αὐτός 그녀

ἀπὸ (전, 속) ἀπὸ 부터

τῶν (관, 속, 남, 복) ὁ 그

τεσσάρων (기형, 속, 남, 복, 원) τέσσαρες 4, 사

ἀνέμων (명, 속, 남, 복, 보) ἄνεμος 바람 τῶν τεσσάρων ἀνέμων 사방

τὴν (관, 대, 녀, 단) ὁ 그녀

ἁγιασθεῖσαν (분, 부과, 수, 대, 녀, 단) ἁγιάζω 신성하게 하다

10:5

εἰς (전, 대) εἰς 향하여

σὴν (소형, 대, 녀, 단, 원) σός 당신의, 당신의 것

βασιλείαν (명, 대, 녀, 단, 보) βασιλεία 왕국

ἥν (관대, 대, 녀, 단) ὅς 무엇

ἡτοίμασας (동, 직, 부과, 능, 2, 단) ἑτοιμάζω 준비하다

αὐτῇ (인대, 대, 녀, 단) αὐτός 그녀

ὅτι (종접) ὅτι 왜냐하면

σοῦ (인대, 속, 남, 단) σύ 너, 당신

ἐστιν (동, 직, 현, 능, 3, 단) εἰμί 이다, 있다

ἡ (관, 주, 녀, 단) ὁ 그녀

δύναμις (명, 주, 녀, 단, 보) δύναμις 권능

δόξα (명, 주, 녀, 단, 보) δόξα 영광

εἰς (전, 대) εἰς 향하여

τοὺς (관, 대, 남, 복) ὁ 그

αἰῶνας (명, 대, 남, 복, 보) αἰών 영원

Didache

Did 10:6 ἐλθέτω χάρις καὶ παρελθέτω ὁ κόσμος οὗτος Ὡσαννὰ τῷ θεῷ Δαυείδ εἴ τις ἅγιός ἐστιν ἐρχέσθω εἴ τις οὐκ ἔστι μετανοείτω μαρὰν ἀθά ἀμήν

오라 은혜여! 물러가거라 이 세상아! 다윗의 하나님 호산나! 어느 누가 거룩하면 오고, [4] 거룩하지 못하면 회개하라, 주여 어서 오시 옵소서. 아멘

---

4) 성찬식에 참여하고

ἐλθέτω (동, 령, 부과, 능, 3, 단) ἔρχομαι 오다

χάρις (명, 주, 녀, 단, 보) χάρις 호의, 은혜

καὶ (등접) καί 그리고

παρελθέτω (동, 령, 부과, 능, 3, 단) παρέρχομαι 지나가다

ὁ (관, 주, 남, 단) ὁ 그

κόσμος (명, 주, 남, 단, 보) κόσμος 세상

οὗτος (지대, 주, 남, 단) οὗτος 이것

Ὡσαννὰ (불) ὡσαννά 호산나

τῷ (관, 여, 남, 단) ὁ 그

θεῷ (명, 여, 남, 단, 보) θεός 하나님

Δαυείδ (명, 속, 남, 단, 고) Δαυείδ 다윗

εἴ (종접) εἰ 만약

τις (부대, 주, 남, 단) τὶς 누가

ἅγιός (보형, 주, 남, 단, 원) ἅγιος 거룩한

ἐστιν (동, 직, 현, 능, 3, 단) εἰμί 이다, 있다

ἐρχέσθω (동, 령, 현, 중간, 3, 단) ἔρχομαι 오다

οὐκ (부) οὐ 아닌

ἔστι (동, 직, 현, 능, 3, 단) εἰμί 이다, 있다

μετανοείτω (동, 령, 현, 능, 3, 단) μετανοέω 회개하다

μαρὰν ἀθά (불) μαράν ἀθά 주여 오소서!

ἀμήν (불) ἀμήν 아멘

Didache

Did 10:7 τοῖς δὲ προφήταις ἐπιτρέπετε
εὐχαριστεῖν ὅσα θέλουσιν

여러분은 선지자들 자신이 원하는 대로 감사(기도)하도록 허락하
십시오.

10:7

τοῖς (관, 여, 중, 복) ὁ 그

δὲ (등접) δέ 그러나

προφήταις (명, 여, 남, 복, 보) προφήτης 선지자, 예언자

ἐπιτρέπετε (동, 령, 현, 능, 2, 복) ἐπιτρέπω 허락하다

εὐχαριστεῖν (정, 현, 능)

εὐχαριστέω 성찬식을 거행하다, 감사하다, 기도하다

ὅσα (관대, 대, 중, 복) ὅσος 처럼 크게, 만큼 많이

θέλουσιν (분, 현, 능, 여, 남, 복) θέλω 원하다

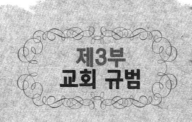

제3부
교회 규범

제11장

순회교사들, 사도들 그리고 선지자들

11

Didache

Did 11:1 Ὅς ἂν οὖν ἐλθὼν διδάξῃ ὑμᾶς ταῦτα πάντα τὰ προειρημένα δέξασθε αὐτόν

그러므로 오는 사람이 누구든지 앞서 말한 이 모든 것을 가르치려 한다면 여러분은 그를 환영하십시오.

Ὃς (관대, 주, 남, 단) ὅς 누가

ἄν (계) ἄν (번역생략) Ὃς ἄν ἐλθὼν 오는 사람이 누구든지

οὖν (등접) οὖν 그러므로

ἐλθὼν (분, 부과, 능, 대, 남, 단) ἔρχομαι 오다

διδάξῃ (동, 가, 부과, 능, 3, 단) διδάσκω 가르치다

ὑμᾶς (인대, 대, 남, 복) σύ 너, 당신

ταῦτα (지대, 대, 중, 복) οὗτος 이것

πάντα (부형, 대, 중, 복, 원) πᾶς 모든, 각각

τὰ (관, 대, 중, 복) ὁ 그

προειρημένα (분, 미래완, 수, 대, 중, 복) προλέγω 미리말하다

δέξασθε (동, 령, 부과, 중간, 2, 복) δέχομαι 환영하라

αὐτόν (인대, 대, 남, 단) αὐτός 그

Didache

Did 11:2 ἐὰν δὲ αὐτὸς ὁ διδάσκων στραφεὶς διδάσκῃ ἄλλην διδαχὴν εἰς τὸ καταλῦσαι μὴ αὐτοῦ ἀκούσητε εἰς δὲ τὸ προσθεῖναι δικαιοσύνην καὶ γνῶσιν κυρίου δέξασθε αὐτὸν ὡς κύριον

그러나 만일 가르치는 사람 그 자신이 변절하여 파괴하려고 다른 가르침을 가르친다면 여러분은 그의 말을 듣지 마십시오. 그러나 주님의 의로움과 지식에 보탬이 되기 위해 (그가 가르친다면) 여러분은 그를 마치 주님처럼 받아들이십시오.

ἐὰν (종접) ἐάν 만일

δὲ (등접) δέ 그러나

αὐτὸς (강형, 주, 남, 단, 원) αὐτός 그

ὁ (관, 주, 남, 단) ὁ 그

διδάσκων (분, 현, 능, 주, 남, 단) διδάσκω 가르치다

στραφείς (분, 부과, 수, 주, 남, 단) στρέφω 돌리다, 변절하다

διδάσκῃ (동, 가, 현, 능, 3, 단) διδάσκω 가르치다

ἄλλην (부형, 대, 녀, 단, 원) ἄλλος 다른

διδαχὴν (명, 대, 녀, 단, 보) διδαχή 가르침, 교훈

εἰς (전, 대) εἰς 향하여

τὸ (관, 대, 중, 단) ὁ 그

καταλῦσαι (정, 부과, 능) καταλύω 파괴하다

μὴ (계) μή ~아닌

αὐτοῦ (인대, 속, 남, 단) αὐτός 그것

ἀκούσητε (동, 가, 부과, 능, 2, 복) ἀκούω 듣다

εἰς (전, 대) εἰς 향하여

δὲ (등접) δέ 그러나

τὸ (관, 대, 중, 단) ὁ 그

προσθεῖναι (정, 부과, 능) προστίθημι 더하다

δικαιοσύνην (명, 대, 녀, 단, 보) δικαιοσύνη 정의

καὶ (등접) καί 그리고

γνῶσιν (명, 대, 녀, 단, 보) γνῶσις 지식

κυρίου (명, 속, 남, 단, 보) κύριος 주, 주인

δέξασθε (동, 령, 부과, 중간, 2, 복) δέχομαι 환영하라

αὐτὸν (인대, 대, 남, 단) αὐτός 그것

ὡς (부) ὡς 처럼, 같이

κύριον (명, 대, 남, 단, 보) κύριος 주, 주인

Didache

Did 11:3   Περὶ δὲ τῶν ἀποστόλων καὶ προφητῶν κατὰ τὸ δόγμα τοῦ εὐαγγελίου οὕτω ποιήσατε

사도와 선지자에 관해서는 복음[1])의 가르침대로 이렇게 행하십시오.

---

1) 복음서라고 번역이 가능.

Περὶ (전, 속) περί ~관하여

δὲ (등접) δέ 그러나

τῶν (관, 속, 남, 복) ὁ 그

ἀποστόλων (명, 속, 남, 복, 보) ἀπόστολος 사도

καὶ (등접) καί 그리고

προφητῶν (명, 속, 남, 복, 보) προφήτης 선지자, 예언자

κατὰ (전, 대) κατά ~따라서

τὸ (관, 대, 중, 단) ὁ 그

δόγμα (명, 대, 중, 단, 보) δόγμα 교리, 교의

τοῦ (관, 속, 중, 단) ὁ 그

εὐαγγελίου (명, 속, 중, 단, 보) εὐαγγέλιον 복음

οὕτω (부) οὕτω 이런식으로

ποιήσατε (동, 령, 부과, 능, 2, 복) ποιέω 행하다

Didache

Did 11:4 πᾶς δὲ ἀπόστολος ἐρχόμενος πρὸς
ὑμᾶς δεχθήτω ὡς κύριος

여러분에게 오는 모든 사도를 주님처럼 영접 하십시오.

Did 11:5 οὐ μενεῖ δὲ εἰ μὴ ἡμέραν μίαν ἐὰν
δὲ ᾖ χρεία καὶ τὴν ἄλλην τρεῖς δὲ ἐὰν μείνῃ
ψευδοπροφήτης ἐστίν

그러나 그는 하루 이상 머물 수 없습니다. 그렇지만 필요하다면,
그 다음날도 머물 수 있습니다. 그러나 만일 사흘을 머물면 그는
거짓 선지자입니다.

11:4

πᾶς (부형, 주, 남, 단, 원) πᾶς 모든, 각각
δὲ (등접) δέ 그러나
ἀπόστολος (명, 주, 남, 단, 보) ἀπόστολος 사도
ἐρχόμενος (분, 현, 중간, 주, 남, 단) ἔρχομαι 오다
πρὸς (전, 대) πρός 향하여
ὑμᾶς (인대, 대, 남, 복) σύ 너, 당신
δεχθήτω (동, 령, 부과, 수, 3, 단) δέχομαι 환영하라
ὡς (부) ὡς 처럼, 같이
κύριος (명, 주, 남, 단, 보) κύριος 주, 주인

11:5

οὐ (부) οὐ 아닌
μενεῖς (동, 직, 미, 능, 3, 단) μένω 머물다
δὲ (등접) δέ 그러나
εἰ (종접) εἰ 만약
μὴ (계) μή ~아닌 εἰ μὴ 이외에
ἡμέραν (명, 대, 녀, 단, 보) ἡμέρα 낮
μίαν (기형, 대, 녀, 단, 원) εἷς 하나
ἐὰν (종접) ἐάν 만일
ᾖ (동, 가, 현, 능, 3, 단) εἰμί 이다, 있다
χρεία (명, 주, 녀, 단, 보) χρεία 필요, 부족
καὶ (등접) καί 그리고
τὴν (관, 대, 녀, 단) ὁ 그
ἄλλην (부형, 대, 녀, 단, 원) ἄλλος 다른
τρεῖς (acnfpn) τρεῖς 세번, 3
μείνῃ (동, 가, 부과, 능, 3, 단) μένω 머물다
ψευδοπροφήτης (명, 주, 남, 단, 보) ψευδοπροφήτης 거짓선지자
ἐστίν (동, 직, 현, 능, 3, 단) εἰμί 이다, 있다

Didache

Did 11:6 ἐξερχόμενος δὲ ὁ ἀπόστολος μηδὲν λαμβανέτω εἰ μὴ ἄρτον ἕως οὗ αὐλισθῇ ἐὰν δὲ ἀργύριον αἰτῇ ψευδοπροφήτης ἐστί

그리고 사도가 떠날 때에는 다른 곳에서 밤을 지낼 때까지 (필요한) 빵 이외에 아무 것도 가져가지 않도록 하십시오. 만일 그가 돈을 요구한다면 그는 거짓 선지자입니다.

ἐξερχόμενος (분, 현, 중간, 주, 남, 단) ἐξέρχομαι 나오다

δὲ (등접) δέ 그러나

ὁ (관, 주, 남, 단) ὁ 그

ἀπόστολος (명, 주, 남, 단, 보) ἀπόστολος 사도

μηδὲν (부대, 주, 중, 단) μηδείς 아무도 아니, 아무것도 아닌

λαμβανέτω (동, 령, 현, 능, 3, 단) λαμβάνω 가지다

εἰ (종접) εἰ 만약

μὴ (계) μή ~아닌. εἰ μὴ 이 외에

ἄρτον (명, 대, 남, 단, 보) ἄρτος 떡, 빵, 양식

ἕως (전, 불) ἕως까지

οὗ (관대, 속, 중, 단) ὅς 언제, ~때에

αὐλισθῇ (동, 가, 부과, 수, 3, 단) αὐλίζομαι 밤을 지내다

ἐάν (종접) ἐάν 만일

δὲ (등접) δέ 그러나

ἀργύριον (명, 대, 중, 단, 보) ἀργύριον 은돈

αἰτῇ (동, 가, 현, 능, 3, 단) αἰτέω 구하다

ψευδοπροφήτης (명, 주, 남, 단, 보) ψευδοπροφήτης 거짓선지자

ἐστί (동, 직, 현, 능, 3, 단) εἰμί 이다, 있다

Didache

Did 11:7   Καὶ πάντα προφήτην λαλοῦντα ἐν
πνεύματι οὐ πειράσετε οὐδὲ διακρινεῖτε πᾶσα
γὰρ ἁμαρτία ἀφεθήσεται αὕτη δὲ ἡ ἁμαρτία
οὐκ ἀφεθήσεται

그리고 영으로 말하는 각 선지자를 여러분은 시험하거나 판단하지
마십시오. 왜냐하면, 모든 죄는 용서되어질 수 있습니다만, 그 죄[2]
는 용서받지 못할 것입니다.

---

2) 즉, 선지자를 시험하거나 판단한 죄

Καὶ (등접) καὶ 그리고

πάντα (부형, 대, 남, 단, 원) πᾶς 모든, 각각

προφήτην (명, 대, 남, 단, 보) προφήτης 선지자, 예언자

λαλοῦντα (분, 현, 능, 대, 남, 단) λαλέω 말하다

ἐν (전, 여) ἐν 안에서

πνεύματι (명, 여, 중, 단, 보) πνεῦμα 성령

οὐ (부) οὐ 아닌

πειράσετε (동, 직, 미, 능, 2, 복) πειράζω 시험하다

οὐδὲ (등접) οὐδέ 아닌

διακρινεῖτε (동, 직, 미, 능, 2, 복) διακρίνω 심판하다

πᾶσα (부형, 주, 녀, 단, 원) πᾶς 모든, 각각

γὰρ (등접) γάρ 왜냐하면

ἁμαρτία (명, 주, 녀, 단, 보) ἁμαρτία 죄

ἀφεθήσεται (동, 직, 미, 수, 3, 단) ἀφίημι 용서하다

αὕτη (지대, 주, 녀, 단) οὗτος 이것

δὲ (등접) δέ 그러나

ἡ (관, 주, 녀, 단) ὁ 그

οὐκ (부) οὐ 아닌

ἀφεθήσεται (동, 직, 미, 수, 3, 단) ἀφίημι 용서하다

Didache

Did 11:8 οὐ πᾶς δὲ ὁ λαλῶν ἐν πνεύματι
προφήτης ἐστίν ἀλλ' ἐὰν ἔχῃ τοὺς τρόπους
κυρίου ἀπὸ οὖν τῶν τρόπων γνωσθήσεται ὁ
ψευδοπροφήτης καὶ ὁ προφήτης

영으로 말하는 모든 이가 다 선지자는 아닙니다. 그러나 만일 주님
의 태도를 가진다면 선지자입니다. 그러므로 그 태도에서 거짓 선
지자인지 (참)선지자인지 밝혀질 것입니다.

οὐ (부) οὐ 아닌

πᾶς (부형, 주, 남, 단, 원) πᾶς 모든, 각각

δὲ (등접) δέ 그러나

ὁ (관, 주, 남, 단) ὁ 그

λαλῶν (분, 현, 능, 주, 남, 단) λαλέω 말하다

ἐν (전, 여) ἐν 안에서

πνεύματι (명, 여, 중, 단, 보) πνεῦμα 성령

προφήτης (명, 주, 남, 단, 보) προφήτης 선지자, 예언자

ἐστίν (동, 직, 현, 능, 3, 단) εἰμί 이다, 있다

ἀλλ' (등접) ἀλλά 그러나

ἐὰν (종접) ἐάν 만일

ἔχῃ (동, 가, 현, 능, 3, 단) ἔχω 가지다

τοὺς (관, 대, 남, 복) ὁ 그

τρόπους (명, 대, 남, 복, 보) τρόπος 태도, 방식

κυρίου (명, 속, 남, 단, 보) κύριος 주, 주인

ἀπὸ (전, 속) ἀπό 부터

οὖν (등접) οὖν 그러므로

τῶν (관, 속, 남, 복) ὁ 그

τρόπων (명, 속, 남, 복, 보) τρόπος 태도, 방식

γνωσθήσεται (동, 직, 미, 수, 3, 단) γινώσκω 알다

ψευδοπροφήτης (명, 주, 남, 단, 보) ψευδοπροφήτης 거짓 선지자

Didache

Did 11:9   καὶ πᾶς προφήτης ὁρίζων τράπεζαν
ἐν πνεύματι οὐ φάγεται ἀπ' αὐτῆς εἰ δὲ μήγε
ψευδοπροφήτης ἐστί

성령안에서 식탁을 주문한 모든 선지자는 바로 그 식탁에서는 먹지 않습니다.[3] 만일 먹는다면 그는 거짓 선지자입니다.

---

3) 선지자가 손님으로 와서 공동체를 위해서 식탁을 준비하라고 지시한 이후에 그 식사가 준비되면 스스로 그것을 먹지 않는다. 혹은 선지자가 9-10장에 나타난 성찬과 식사를 준비하도록 지시한 이후에 성찬과 식사가 준비가 되면 스스로 그 식사를 먹지 않는다.

καὶ (등접) καί 그리고

πᾶς (부형, 주, 남, 단, 원) πᾶς 모든, 각각

προφήτης (명, 주, 남, 단, 보) προφήτης 선지자, 예언자

ὁρίζων (분, 현, 능, 주, 남, 단) ὁρίζω 주문하다, 명령하다, 준비하다, 차리다

τράπεζαν (명, 대, 녀, 단, 보) τράπεζα 식탁

ἐν (전, 여) ἐν 안에서

πνεύματι (명, 여, 중, 단, 보) πνεῦμα 성령

οὐ (부) οὐ 아닌

φάγεται (동, 직, 미, 중간, 3, 단) ἐσθίω 먹다

ἀπ᾽ (전, 속) ἀπό 부터

αὐτῆς (인대, 속, 녀, 단) αὐτός 그녀

εἰ (종접) εἰ 만약

δέ (등접) δέ 그러나

μήγε (계) μήγε 만약 그렇지 않으면

ψευδοπροφήτης (명, 주, 남, 단, 보) ψευδοπροφήτης 거짓선지자

ἐστί (동, 직, 현, 능, 3, 단) εἰμί 이다, 있다

Didache

Did 11:10 πᾶς δὲ προφήτης διδάσκων τὴν ἀλήθειαν εἰ ἃ διδάσκει οὐ ποιεῖ ψευδοπροφήτης ἐστί

진리를 가르치는 각 선지자가 만일 가르치는 것들을 행하지 않는다면 그는 거짓 선지자입니다.

πᾶς (부형, 주, 남, 단, 원) πᾶς 모든, 각각

δὲ (등접) δέ 그러나

προφήτης (명, 주, 남, 단, 보) προφήτης 선지자, 예언자

διδάσκων (분, 현, 능, 주, 남, 단) διδάσκω 가르치다

τὴν (관, 대, 녀, 단) ὁ 그녀

ἀλήθειαν (명, 대, 녀, 단, 보) ἀλήθεια 진리

εἰ (종접) εἰ 만약

ἃ (관대, 대, 중, 복) ὅς 무엇

διδάσκει (동, 직, 현, 능, 3, 단) διδάσκω 가르치다

οὐ (부) οὐ 아닌

ποιεῖ (동, 직, 현, 능, 3, 단) ποιέω 행하다

ψευδοπροφήτης (명, 주, 남, 단, 보) ψευδοπροφήτης 거짓선지자

ἐστί (동, 직, 현, 능, 3, 단) εἰμί 이다, 있다

Didache

Did 11:11 πᾶς δὲ προφήτης δεδοκιμασμένος
ἀληθινός ποιῶν εἰς μυστήριον κοσμικὸν
ἐκκλησίας μὴ διδάσκων δὲ ποιεῖν ὅσα αὐτὸς
ποιεῖ οὐ κριθήσεται ἐφ᾽ ὑμῶν μετὰ θεοῦ γὰρ
ἔχει τὴν κρίσιν ὡσαύτως γὰρ ἐποίησαν καὶ οἱ
ἀρχαῖοι προφῆται

진실하다고 인정받은 각 선지자가 지상 교회의 신비를 (드러내기)
위해서 행하지만, 자신이 실행하는 것들을 행하라고 가르치지 않
더라도 여러분 앞에서[4] 심판 받지 않게 될것입니다. 왜냐하면, 그
는 하나님 앞에서 심판 받을 것이기 때문입니다.[5] 왜냐하면, 그것
은 옛 선지자들도 역시 그렇게 행했기 때문입니다.

---

4) "여러분에 의해서" 혹은 "여러분 사이에서"로 번역이 가능하다.
5) 헬라어 원문은 "그의 심판은 하나님과 함께하기 때문입니다."

πᾶς (부형, 주, 남, 단, 원) πᾶς 모든, 각각

δὲ (등접) δέ 그러나

προφήτης (명, 주, 남, 단, 보) προφήτης 선지자, 예언자

δεδοκιμασμένος (분, 미래완, 수, 주, 남, 단) δοκιμάζω 조사하다, 증명하다

ἀληθινός (보형, 주, 남, 단, 원) ἀληθινός 진리의, 진실한

ποιῶν (분, 현, 능, 주, 남, 단) ποιέω 행하다

εἰς (전, 대) εἰς 향하여

μυστήριον (명, 주, 중, 단, 보) μυστήριον 신비

κοσμικὸν (보형, 대, 중, 단, 원) κοσμικός 지상의, 세상의

ἐκκλησίας (명, 속, 녀, 단, 보) ἐκκλησία 교회

μὴ (계) μή ~아닌

διδάσκων (분, 현, 능, 주, 남, 단) διδάσκω 가르치다

ποιεῖν (정, 현, 능) ποιέω 행하다

ὅσα (관대, 대, 중, 복) ὅσος 처럼 크게, 만큼 많이

αὐτὸς (강형, 주, 남, 단) αὐτός 그

ποιεῖ (동, 직, 현, 능, 3, 단) ποιέω 행하다

οὐ (부) οὐ 아닌

κριθήσεται (동, 직, 미, 수, 3, 단) κρίνω 심판하다

ἐφ' (전, 속) ἐπί 의해서

ὑμῶν (인대, 속, 남, 복) σύ 너, 당신

μετὰ (전, 속) μετά 함께

θεοῦ (명, 속, 남, 단, 보) θεός 하나님

γὰρ (등접) γάρ 왜냐하면

ἔχει (동, 직, 현, 능, 3, 단) ἔχω 가지다

τὴν (관, 대, 녀, 단) ὁ 그

κρίσιν (명, 대, 녀, 단, 보) κρίσις 심판

ὡσαύτως (부) ὡσαύτως 비슷한 방법으로
γὰρ (등접) γάρ 왜냐하면
ἐποίησαν (동, 직, 부과, 능, 3, 복) ποιέω 행하다
καὶ (등접) καί 그리고
οἱ (관, 주, 남, 복) ὁ 그
ἀρχαῖοι (보형, 주, 남, 복, 원) ἀρχαῖος 오래된, 고대의
προφῆται (명, 주, 남, 복, 보) προφήτης 선지자, 예언자

Didache

Did 11:12 ὃς δ᾽ ἂν εἴπῃ ἐν πνεύματι δός μοι
ἀργύρια ἢ ἕτερά τινα οὐκ ἀκούσεσθε αὐτοῦ ἐὰν
δὲ περὶ ἄλλων ὑστερούντων εἴπῃ δοῦναι
μηδεὶς αὐτὸν κρινέτω

그러나 누구라도 영으로 "내게 돈이나 다른 어떤 것을 주시오"라고
말하거든 여러분은 그의 말을 듣지 말아야 합니다. 그러나 빈궁한
이들을 위하여 달라고 하거든 아무도 그를 심판하지 마십시오.

11:12

ὅς (관대, 주, 남, 단) ὅς 누가

δ' (등접) δέ 그러나

ἄν (계) ἄν (번역생략가능) ὃς δ' ἄν 그러나 누구라도

εἴπῃ (동, 가, 부과, 능, 3, 단) λέγω 말하다

ἐν (전, 여) ἐν 안에서

πνεύματι (명, 여, 중, 단, 보) πνεῦμα 성령

δός (동, 령, 부과, 능, 2, 단) δίδωμι 주다

μοι (인대, 여, 남, 단) ἐγώ 나

ἀργύρια (명, 대, 중, 복, 보) ἀργύριον 은돈

ἤ (등접) ἤ 혹은

ἕτερα, (부형, 대, 중, 복, 원) ἕτερος 다른

τινα (부형, 대, 중, 복) τὶς 어떤 것

οὐκ (부) οὐ 아닌

ἀκούσεσθε (동, 직, 미, 중간, 2, 복) ἀκούω 듣다

αὐτοῦ (인대, 속, 남, 단) αὐτός 그

ἐὰν (종접) ἐάν 만일

δὲ (등접) δέ 그러나

περὶ (전, 속) περί ~관하여

ἄλλων (강형, 속, 남, 복) ἄλλος 다른

ὑστερούντων (분, 현, 능, 속, 남, 복) ὑστερέω 부족하다

εἴπῃ (동, 가, 부과, 능, 3, 단) λέγω 말하다

δοῦναι (정, 부과, 능) δίδωμι 주다

μηδεὶς (부대, 주, 남, 단) μηδείς 아무도 아니, 아무것도 아닌

αὐτὸν (인대, 대, 남, 단) αὐτός 그

κρινέτω (동, 령, 현, 능, 3, 단) κρίνω 심판하다

제**12**장

기독교인들의 손님 접대

12

Didache

Did 12:1 Πᾶς δὲ ὁ ἐρχόμενος ἐν ὀνόματι κυρίου δεχθήτω ἔπειτα δὲ δοκιμάσαντες αὐτὸν γνώσεσθε σύνεσιν γὰρ ἕξετε δεξιὰν καὶ ἀριστεράν

주님의 이름으로 오는 모든 사람을 영접하십시오. 그 후에 여러분이 그를 시험할 때에 여러분은 그를 알 것입니다. 왜냐하면, 여러분은 참 선지자와 거짓 선지자를[1] 알 수 있기 때문입니다.

---

1) 헬라어 원문은 '오른쪽과 왼쪽'임.

Πᾶς (부형, 주, 남, 단, 원) πᾶς 모든, 각각

δὲ (등접) δέ 그러나

ὁ (관, 주, 남, 단) ὁ 그

ἐρχόμενος (분, 현, 중간, 주, 남, 단) ἔρχομαι 오다

ἐν (전, 여) ἐν 안에서

ὀνόματι (명, 여, 중, 단, 보) ὄνομα 이름

κυρίου (명, 속, 남, 단, 보) κύριος 주, 주인

δεχθήτω (동, 령, 부과, 수, 3, 단) δέχομαι 환영하다

ἔπειτα (부) ἔπειτα 그 후에

δὲ (등접) δέ 그러나

δοκιμάσαντες (분, 부과, 능, 대, 남, 복) δοκιμάζω 조사하다, 증명하다

αὐτὸν (인대, 대, 남, 단) αὐτός 그

γνώσεσθε (동, 직, 미, 중간, 2, 복) γινώσκω 알다

σύνεσιν (명, 대, 녀, 단, 보) σύνεσις 이해력

γὰρ (등접) γάρ 왜냐하면

ἕξετε (동, 직, 미, 능, 2, 복) ἔχω 가지다

δεξιὰν (보형, 대, 녀, 단, 원) δεξιός 오른쪽

καὶ (등접) καί 그리고

ἀριστεράν (보형, 대, 녀, 단, 원) ἀριστερός 왼쪽

Didache

Did 12:2 εἰ μὲν παρόδιός ἐστιν ὁ ἐρχόμενος
βοηθεῖτε αὐτῷ ὅσον δύνασθε οὐ μενεῖ δὲ πρὸς
ὑμᾶς εἰ μὴ δύο ἢ τρεῖς ἡμέρας ἐὰν ᾖ ἀνάγκη

만약, 오는 사람이 여행자면 여러분이 할 수 있는 대로 그에게 도움을 주십시오. 그러나, 혹시 필요가 있더라도 그는 이틀이나 사흘 이상 여러분과 함께 머물지 않아야 합니다.

εἰ (종접) εἰ 만약

μὲν (계) μέν 한편으로는

παρόδιός (보형, 주, 남, 단, 원) παρόδιος 여행자

ἐστιν (동, 직, 현, 능, 3, 단) εἰμί 이다, 있다

ὁ (관, 주, 남, 단) ὁ 그

ἐρχόμενος (분, 현, 중간, 주, 남, 단) ἔρχομαι 오다

βοηθεῖτε (동, 령, 현, 능, 2, 복) βοηθέω 도움을 주다

αὐτῷ (인대, 여, 남, 단) αὐτός 그

ὅσον (관형, 대, 주, 남, 원) ὅσος 처럼 크게, 만큼 많이

δύνασθε (동, 직, 현, 중간, 2, 복) δύναμαι 할 수 있다

οὐ (부) οὐ 아닌

μενεῖ (동, 직, 미, 능, 3, 단) μένω 머물다

δὲ (등접) δέ 그러나

πρὸς (전, 대) πρός 함께

ὑμᾶς (인대, 대, 남, 복) σύ 너, 당신

μὴ (계) μή ~아닌. εἰ μὴ 이 외에

δύο (기형, 대, 녀, 복, 원) δύο 둘

ἢ (등접) ἤ 혹은

τρεῖς (기형, 대, 녀, 복, 원) τρεῖς 세번, 3

ἡμέρας (명, 대, 녀, 복, 보) ἡμέρα 낮

ἐὰν (종접) ἐάν 만일

ᾖ (동, 가, 현, 능, 3, 단) εἰμί 이다, 있다

ἀνάγκη (명, 주, 녀, 단, 보) ἀνάγκη 필요

Didache

Did 12:3 εἰ δὲ θέλει πρὸς ὑμᾶς καθῆσθαι
τεχνίτης ὤν ἐργαζέσθω καὶ φαγέτω

만약 그가 장인(匠人)으로서 여러분과 함께 거주하기를 원하면, 그가 일을 하여 먹고 살도록 하십시오.

εἰ (종접) εἰ 만약

δὲ (등접) δέ 그러나

θέλει (동, 직, 현, 능, 3, 단) θέλω 원하다

πρὸς (전, 대) πρός 함께

ὑμᾶς (인대, 대, 남, 복) σὺ 너, 당신

καθῆσθαι (정, 현, 중간) κάθημαι 정착하다, 살다

τεχνίτης (명, 주, 남, 단, 보) τεχνίτης 장인(匠人)

ὢν (분, 현, 능, 주, 남, 단) εἰμί 이다, 있다

ἐργαζέσθω (동, 령, 현, 중간, 3, 단) ἐργάζομαι 일하다

καὶ (등접) καί 그리고

φαγέτω (동, 령, 부과, 능, 3, 단) ἐσθίω 먹다

Didache

Did 12:4 εἰ δὲ οὐκ ἔχει τέχνην κατὰ τὴν
σύνεσιν ὑμῶν προνοήσατε πῶς μὴ ἀργὸς μεθ᾽
ὑμῶν ζήσεται Χριστιανός

그러나 만약 그에게 아무런 기술이 없다면, 여러분의 판단으로 그
가²⁾ 게으름을 피우지 않고 여러분과 함께 어떻게 살아갈 수 있는가
에 대해서 미리 생각하십시오.

2) 한 그리스도인이

12:4

εἰ (종접) εἰ 만약

δὲ (등접) δέ 그러나

οὐκ (부) οὐ 아닌

ἔχει (동, 직, 현, 능, 3, 단) ἔχω 가지다

τέχνην (명, 대, 녀, 단, 보) τέχνη 기술

κατὰ (전, 대) κατά ~따라서

τὴν (관, 대, 녀, 단) ὁ 그

σύνεσιν (명, 대, 녀, 단, 보) σύνεσις 이해력

ὑμῶν (인대, 속, 남, 복) σύ 너, 당신

προνοήσατε (동, 령, 부과, 능, 2, 복) προνοέω 미리 생각하다

πῶς (종접) πῶς 어떻게든지 하여

μὴ (계) μή ~아닌

ἀργὸς (보형, 주, 남, 단, 원) ἀργός 게으른

μεθ' (전, 속) μετά 함께

ὑμῶν (인대, 속, 남, 복) σύ 너, 당신

ζήσεται (동, 직, 미, 중간, 3, 단) ζάω 살다, 활기차다, 생기있다

Χριστιανός (명, 주, 남, 단, 고) Χριστιανός 그리스도인

Didache

Did 12:5 εἰ δ᾽ οὐ θέλει οὕτω ποιεῖν
χριστέμ πορός ἐστι προσέχετε ἀπὸ τῶν
τοιούτων

그러나 만약 그가 이렇게 하는 것을 원하지 않으면 그는 그리스도
를 팔아먹는 자입니다. 여러분은 이런 자들을 조심하십시오.

12:5

εἰ (종접) εἰ 만약

δ' (등접) δέ 그러나

οὐ (부) οὐ 아닌

θέλει (동, 직, 현, 능, 3, 단) θέλω 원하다

οὕτω (부) οὕτω 이런식으로

ποιεῖν (정, 현, 능) ποιέω 행하다

χριστέμπορός (명, 주, 남, 단, 보) χριστέμπορος 그리스도를 파는 자

ἐστι (동, 직, 현, 능, 3, 단) εἰμί 이다, 있다

προσέχετε (동, 령, 현, 능, 2, 복) προσέχω 주의하다

ἀπὸ (전, 속) ἀπό 부터

τῶν (관, 속, 남, 복) ὁ 그

τοιούτων (지대, 속, 남, 복, 원) τοιοῦτος 이런 자

제3부
교회 규범

제13장

선지자들과 교사들에 대한 의무

Didache

Did 13:1 Πᾶς δὲ προφήτης ἀληθινὸς θέλων
καθῆσθαι πρὸς ὑμᾶς ἄξιός ἐστι τῆς τροφῆς
αὐτοῦ

여러분과 함께 머물기를 원하는 참 선지자는 누구나 그의 음식을
먹을 자격이 있습니다.[1]

---

1) 그의 음식에 가치가 있습니다.

Πᾶς (부형, 주, 남, 단, 원) πᾶς 모든, 각각

δὲ (등접) δέ 그러나

προφήτης (명, 주, 남, 단, 보) προφήτης 선지자, 예언자

ἀληθινὸς (보형, 주, 남, 단, 원) ἀληθινός 진리의, 진실한

θέλων (분, 현, 능, 주, 남, 단) θέλω 원하다

καθῆσθαι (정, 현, 중간) κάθημαι 정착하다, 살다

πρὸς (전, 대) πρός 함께

ὑμᾶς (인대, 대, 남, 복) σύ 너, 당신

ἄξιός (보형, 주, 남, 단, 원) ἄξιος 가치가 있는

ἐστι (동, 직, 현, 능, 3, 단) εἰμί 이다, 있다

τῆς (관, 속, 녀, 단) ὁ 그

τροφῆς (명, 속, 녀, 단, 보) τροφή 양식, 음식

αὐτοῦ (인대, 속, 남, 단) αὐτός 그

Didache

Did 13:2 ὡσαύτως διδάσκαλος ἀληθινός ἐστιν
ἄξιος καὶ αὐτὸς ὥσπερ ὁ ἐργάτης τῆς τροφῆς
αὐτοῦ

일꾼이 그의 음식을 먹을 자격이 있는 것처럼, 참 교사도 그의 음식
을 먹을 자격이 있습니다.

ὡσαύτως (부) ὡσαύτως 비슷한 방법으로

διδάσκαλος (명, 주, 남, 단, 보) διδάσκαλος 선생

ἀληθινός (보형, 주, 남, 단, 원) ἀληθινός 진리의, 진실한

ἐστιν (동, 직, 현, 능, 3, 단) εἰμί 이다, 있다

ἄξιος (보형, 주, 남, 단, 원) ἄξιος 가치가 있는

καὶ (부) καί 그리고

αὐτὸς (인대, 주, 남, 단) αὐτός 그

ὥσπερ (종접) ὥσπερ 처럼

ὁ (관, 주, 남, 단) ὁ 그

ἐργάτης (명, 주, 남, 단, 보) ἐργάτης 노동자, 일꾼

τῆς (관, 속, 녀, 단) ὁ 그

τροφῆς (명, 속, 녀, 단, 보) τροφή 양식, 음식

αὐτοῦ (인대, 속, 남, 단) αὐτός 그

Didache

Did 13:3 πᾶσαν οὖν ἀπαρχὴν γεννημάτων
ληνοῦ καὶ ἅλωνος βοῶν τε καὶ προβάτων
λαβὼν δώσεις τὴν ἀπαρχὴν τοῖς προφήταις
αὐτοὶ γάρ εἰσιν οἱ ἀρχιερεῖς ὑμῶν

그러므로 그대는 포도 짜는 기계의 수확과 타작마당과 소들과 양
들의 모든 첫 소산물을 거두어 선지자들에게 드리십시오. 왜냐하
면, 그들이 여러분의 대제사장이기 때문입니다.

13:3

πᾶσαν (부형, 대, 녀, 단, 원) πᾶς 모든, 각각

οὖν (등접) οὖν 그러므로

ἀπαρχὴν (명, 대, 녀, 단, 보) ἀπαρχή 첫 수확물

γεννημάτων (명, 속, 중, 복, 보) γέννημα 후손, 생산품

ληνοῦ (명, 속, 녀, 단, 보) ληνός 포도짜는 기구

καὶ (등접) καί 그리고

ἄλωνος (명, 속, 녀, 단, 보) ἄλων 타작마당

βοῶν (명, 속, 녀, 복, 보) βοῦς 가축, 소

τε (등접) τε 그리고, 등등

προβάτων (명, 속, 중, 복, 보) πρόβατον 양

λαβὼν (분, 부과, 능, 대, 남, 단) λαμβάνω 가지다

δώσεις (동, 직, 미, 능, 2, 단) δίδωμι 주다

τὴν (관, 대, 녀, 단) ὁ 그

τοῖς (관, 여, 남, 복) ὁ 그

προφήταις (명, 여, 남, 복, 보) προφήτης 선지자, 예언자

αὐτοὶ (강대, 주, 남, 복) αὐτός 그

γάρ (등접) γάρ 왜냐하면

εἰσιν (동, 직, 현, 능, 3, 복) εἰμί 이다, 있다

οἱ (관, 주, 남, 복) ὁ 그

ἀρχιερεῖς (명, 대, 남, 복, 보) ἀρχιερεύς 대제사장

ὑμῶν (인대, 속, 남, 복) σύ 너, 당신

Didache

Did 13:4   ἐὰν δὲ μὴ ἔητε προφήτην δότε τοῖς πτωχοῖς

그러나 만일 여러분 곁에 선지자가 없다면²⁾ 가난한 자들에 게 그것 들을 주십시오.

Did 13:5   ἐὰν σιτίαν ποιῇς τὴν ἀπαρχὴν λαβὼν δὸς κατὰ τὴν ἐντολήν

그대가 빵을 만들 때에도 첫 산물을 거두어 계명대로 주십시오.

---

2) 당신이 선지자를 가지고 있지 않다면

13:4

ἐὰν (종접) ἐάν 만일
δὲ (등접) δέ 그러나
μὴ (계) μή ~아닌
ἔχητε (동, 가, 현, 능, 2, 복) ἔχω 가지다
προφήτην (명, 대, 남, 단, 보) προφήτης 선지자, 예언자
δότε (동, 령, 부과, 능, 2, 복) δίδωμι 주다
τοῖς (관, 여, 남, 복) ὁ 그
πτωχοῖς (보형, 여, 남, 복, 원) πτωχός 가난한

13:5

σιτίαν (명, 대, 녀, 단, 보) σιτία 반죽, 빵
ποιῆς (동, 가, 현, 능, 2, 단) ποιέω 만들다
τὴν (관, 대, 녀, 단) ὁ 그
ἀπαρχὴν (명, 대, 녀, 단, 보) ἀπαρχή 첫 수확물
λαβὼν (분, 부과, 능, 대, 남, 단) λαμβάνω 가지다
δὸς (동, 령, 부과, 능, 2, 단) δίδωμι 주다
κατὰ (전, 대) κατά ~따라서
ἐντολήν (명, 대, 녀, 단, 보) ἐντολή 계명

Didache

Did 13:6 ὡσαύτως κεράμιον οἴνου ἢ ἐλαίου ἀνοίξας τὴν ἀαρχὴν λαβὼν δὸς τοῖς προφήταις

이런 식으로, 당신이 포도주나 올리브 기름 항아리를 개봉해도 첫 소산물을 가져다 선지자들에게 주시오.

ὡσαύτως (부) ὡσαύτως 비슷한 방법으로

κεράμιον (명, 대, 중, 단, 보) κεράμιον 항아리, 통

οἴνου (명, 속, 남, 단, 보) οἶνος 와인

ἤ (등접) ἤ 혹은

ἐλαίου (명, 속, 중, 단, 보) ἔλαιον 올리브 오일

ἀνοίξας (분, 부과, 능, 대, 남, 단) ἀνοίγω 열다

τὴν (관, 대, 녀, 단) ὁ 그

ἀπαρχὴν (명, 대, 녀, 단, 보) ἀπαρχή 첫 수확물

λαβὼν (분, 부과, 능, 대, 남, 단) λαμβάνω 가지다

δὸς (동, 령, 부과, 능, 2, 단) δίδωμι 주다

τοῖς (관, 여, 남, 복) ὁ 그

προφήταις (명, 여, 남, 복, 보) προφήτης 선지자, 예언자

Didache

Did 13:7   ἀργυρίου δὲ καὶ ἱματισμοῦ καὶ
παντὸς κτήματος λαβὼν τὴν ἀπαρχήν ὡς ἄν
σοι δόξῃ δὸς κατὰ τὴν ἐντολήν

은돈과 의복3)과 모든 재산 중에서 당신에게 가장 좋다고 생각하는
첫 소산물을 가져다가 계명에 따라 당신은 그것을 선지자들에게
주십시오.

---

3) 옷을 만드는 '베'를 말함.

ἀργυρίου (명, 속, 중, 단, 보) ἀργύριον 은돈

δὲ (등접) δέ 그러나

καὶ (등접) καί 그리고

ἱματισμους (명, 속, 남, 단, 보) ἱματισμός 옷

παντὸς (부형, 속, 중, 단, 원) πᾶς 모든, 각각

κτήματος (명, 속, 중, 단, 보) κτῆμα 소유물, 땅

λαβὼν (분, 부과, 능, 대, 남, 단) λαμβάνω 가지다

τὴν (관, 대, 녀, 단) ὁ 그

ἀπαρχήν (명, 대, 녀, 단, 보) ἀπαρχή 첫 수확물

ὡς (부) ὡς 처럼, 같이

ἄν (계) ἄν (번역이 생략가능) ὡς ἄν 하자 마자

σοι (인대, 여, 남, 단) σύ 너, 당신

δόξη (동, 가, 부과, 능, 3, 단) δοκέω 생각하다, 그렇게 보인다

δὸς (동, 령, 부과, 능, 2, 단) δίδωμι 주다

κατὰ (전, 대) κατά ~따라서

τὴν (관, 대, 녀, 단) ὁ 그

ἐντολήν (명, 대, 녀, 단, 보) ἐντολή 계명

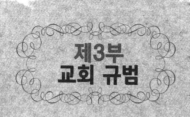

제**14**장

주일 성수

14

Didache

Did 14:1   Κατὰ κυριακὴν δὲ κυρίου
συναχθέντες κλάσατε ἄρτον καὶ
εὐχαριστήσατε προεξομολογησάμενοι τὰ
παραπτώματα ὑμῶν ὅπως καθαρὰ ἡ θυσία
ὑμῶν ᾖ

매 주님의 날에, 여러분은 함께 모여서 여러분의 제물이 순결하게
되기 위해서 여러분의 죄를 고백한 후에 빵을 나누고 감사드리십
시오.

14:1

Κατὰ (전, 대) κατά 기간마다

κυριακὴν (보형, 대, 녀, 단, 원) κυριακός 주님의

　　　　Κατὰ κυριακὴν 매 주일마다

δὲ (등접) δέ 그러나

κυρίου (명, 속, 남, 단, 보) κύριος 주, 주인

συναχθέντες (분, 부과, 수, 주, 남, 복) συνάγω 모으다

κλάσατε (동, 령, 부과, 능, 2, 복) κλάω (빵을) 나누다

ἄρτον (명, 대, 남, 단, 보) ἄρτος 떡, 빵, 양식

καὶ (등접) καί 그리고

εὐχαριστήσατε (동, 령, 부과, 능, 2, 복)

　　　　εὐχαριστέω 성찬식을 거행하다, 감사하다, 기도하다

προεξομολογησάμενοι (분, 부과, 중가, 주, 남, 복)

　　　　προεξομολογέομαι 미리 고백하다

τὰ (관, 대, 중, 복) ὁ 그

παραπτώματα (명, 대, 중, 복, 보) παράπτωμα 죄

ὑμῶν (인대, 속, 남, 복) σύ 너, 당신

ὅπως (종접) ὅπως 하기위해

καθαρὰ (보형, 주, 중, 복, 원) καθαρός 깨끗한

ἡ (관, 주, 녀, 단) ὁ 그

θυσία (명, 주, 녀, 단, 보) θυσία 제물

ᾖ (동, 가, 현, 능, 3, 단) εἰμί 이다, 있다

Didache

Did 14:2 πᾶς δὲ ἔχων τὴν ἀμφιβολίαν μετὰ
τοῦ ἑταίρου αὐτοῦ μὴ συνελθέτω ὑμῖν ἕως οὗ
διαλλαγῶσιν ἵνα μὴ κοινωθῇ ἡ θυσία ὑμῶν

자기 동료[1]와 더불어 분쟁하는 모든 이는, 여러분의 제물이 불결
하게 되지 않도록 하기 위해서, 그들이 화해할 때까지,[2] 여러분과
함께 하지 말아야 합니다.[3]

---

1) 이웃 혹은 동료 기독교인
2) 헬라어 원문에는 수동태임 : 화해되어질 때까지
3) 여러분과 함께 예배, 성찬, 애찬을 하지 말아야 합니다.

πᾶς (부형, 주, 남, 단, 원) πᾶς 모든, 각각

δὲ (등접) δέ 그러나

ἔχων (분, 현, 능, 주, 남, 단) ἔχω 가지다

τὴν (관, 대, 녀, 단) ὁ 그

ἀμφιβολίαν (명, 대, 녀, 단, 보) ἀμφιβολία 분쟁, 다툼

μετὰ (전, 속) μετά 함께

τοῦ (관, 속, 남, 단) ὁ 그

ἑταίρου (명, 속, 남, 단, 보) ἑταῖρος 동료

αὐτοῦ (인대, 속, 남, 단) αὐτός 그

μὴ (계) μή ~아닌

συνελθέτω (동, 령, 부과, 능, 3, 단) συνέρχομαι 모으다, 모이다

ὑμῖν (인대, 여, 남, 복) σύ 너, 당신

ἕως (전, 속) ἕως 까지

οὗ (관대, 속, 중, 단) ὅς 무엇

διαλλαγῶσιν (동, 가, 부과, 수, 3, 복) διαλλάσσομαι 화해하다

ἵνα (종접) ἵνα ~하기 위하여

κοινωθῇ (동, 가, 부과, 수, 3, 단) κοινόω 불결하다

ἡ (관, 주, 녀, 단) ὁ 그

θυσία (명, 주, 녀, 단, 보) θυσία 제물

ὑμῶν (인대, 속, 남, 복) σύ 너, 당신

Didache

Did 14:3 αὕτη γὰρ ἐστιν ἡ ῥηθεῖσα ὑπὸ κυρίου Ἐν παντὶ τόπῳ καὶ χρόνῳ προσφέρειν μοι θυσίαν καθαράν ὅτι βασιλεὺς μέγας εἰμί λέγει κύριος καὶ τὸ ὄνομά μου θαυμαστὸν ἐν τοῖς ἔθνεσι

왜냐하면, 이는 주님께서 말씀하신 것이기 때문입니다.

"언제 어디서나 나에게는 깨끗한 제사를 바쳐야 한다. 왜냐하면, 나는 위대한 왕이며 내 이름은 민족에게 경이적이기 때문이다."

αὕτη (지대, 주, 녀, 단) οὗτος 이것

γὰρ (등접) γάρ 왜냐하면

ἐστιν (동, 직, 현, 능, 3, 단) εἰμί 이다, 있다

ἡ (관, 주, 녀, 단) ὁ 그

ῥηθεῖσα (분, 부과, 수, 주, 녀, 단) λέγω 말하다

ὑπὸ (전, 속) ὑπό

κυρίου (명, 속, 남, 단, 보) κύριος 주, 주인

Ἐν (전, 여) ἐν 안에서

παντὶ (부형, 여, 남, 단, 원) πᾶς 모든, 각각

τόπῳ (명, 여, 남, 단, 보) τόπος 장소

καὶ (등접) καί 그리고

χρόνῳ (명, 여, 남, 단, 보) χρόνος 시간

προσφέρειν (정, 현, 능) προσφέρω 제공하다, 가져오다

μοι (인대, 여, 남, 단) ἐγώ 나

θυσίαν (명, 대, 녀, 단, 보) θυσία 제물

καθαράν (보형, 대, 녀, 단, 원) καθαρός 깨끗한

ὅτι (종접) ὅτι 왜냐하면

βασιλεὺς (명, 주, 남, 단, 보) Βασιλεύς 왕

μέγας (보형, 주, 남, 단, 원) μέγας 위대한

εἰμί (동, 직, 현, 능, 1, 단) εἰμί 이다, 있다

λέγει (동, 직, 현, 능, 3, 단) λέγω 말하다

κύριος (명, 주, 남, 단, 보) κύριος 주, 주인

τὸ (관, 주, 중, 단) ὁ 그

ὄνομά (명, 주, 중, 단, 보) ὄνομα 이름

μου (인대, 속, 남, 단) ἐγώ 나

θαυμαστὸν (보형, 주, 중, 단, 원) θαυμαστός 불가사의한, 최고의

14:3

ἐν (전, 여) ἐν 안에서
τοῖς (관, 여, 중, 복) ὁ 그
ἔθνεσι (명, 여, 중, 복, 보) ἔθνος 이방인, 민족, 사람

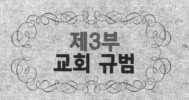

제3부
교회 규범

제15장

감독과 집사 선출

15

Didache

Did 15:1 Χειροτονήσατε οὖν ἑαυτοῖς
ἐπισκόπους καὶ διακόνους ἀξίους τοῦ κυρίου
ἄνδρας πραεῖς καὶ ἀφιλαργύρους καὶ ἀληθεῖς
καὶ δεδοκιμασμένους ὑμῖν γὰρ λειτουργοῦσι
καὶ αὐτοὶ τὴν λειτουργίαν τῶν προφητῶν καὶ
διδασκάλων

여러분은 자신을 위해 주님께 합당하고 온유하고, 돈을 좋아하지
않고, 진실하며, 인정된 사람들을 감독과 집사로 선출하십시오.
왜냐하면 그들은 여러분을 위해서 선지자와 교사의 직무를 수행할
것이기 때문입니다.

Χειροτονήσατε (동, 령, 부과, 능, 2, 복) χειροτονέω 선출하다

οὖν (등접) οὖν 그러므로

ἑαυτοῖς (재대, 여, 남, 복) ἑαυτοῦ 자신

ἐπισκόπους (명, 대, 남, 복, 보) ἐπίσκοπος 감독

καὶ (등접) καί 그리고

διακόνους (명, 대, 남, 복, 보) διάκονος 집사

ἀξίους (보형, 대, 남, 복, 원) ἄξιος 가치가 있는

τοῦ (관, 속, 남, 단) ὁ 그

κυρίου (명, 속, 남, 단, 보) κύριος 주, 주인

ἄνδρας (명, 대, 남, 복, 보) ἀνήρ 남자

πραεῖς (보형, 대, 남, 복, 원) πραΰς 온유한

ἀφιλαργύρους (보형, 대, 남, 복, 원) ἀφιλάργυρος 돈을 사랑하지 않은

ἀληθεῖς (보형, 대, 남, 복, 원) ἀληθής 진실한

δεδοκιμασμένους (분, 미래완, 수, 대, 남, 복) δοκιμάζω 조사하다, 증명하다

ὑμῖν (인대, 여, 남, 복) σύ 너, 당신

γὰρ (등접) γάρ 왜냐하면

λειτουργοῦσι (동, 직, 현, 능, 2, 복) λειτουργέω 봉사하다

καὶ (부) καί 그리고

αὐτοὶ (강대, 주, 남, 복) αὐτός 그

τὴν (관, 대, 녀, 단) ὁ 그

λειτουργίαν (명, 대, 녀, 단, 보) λειτουργία 직무, 봉사

τῶν (관, 속, 남, 단) ὁ 그

προφητῶν (명, 속, 남, 복, 보) προφήτης 선지자, 예언자

διδασκάλων (명, 속, 남, 복, 보) διδάσκαλος 선생

Didache

Did 15:2 μὴ οὖν ὑπερίδητε αὐτούς αὐτοὶ γάρ
εἰσιν οἱ τετιμημένοι ὑμῶν μετὰ τῶν προφητῶν
καὶ διδασκάλων

여러분은 그들을 무시하지 마십시오. 왜냐하면, 그들은 선지자와
교사와 함께 여러분의 존경을 받는 사람들이기 때문입니다.

15:2

μὴ (계) μή ~아닌

οὖν (등접) οὖν 그러므로

ὑπερίδητε (동, 가, 부과, 능, 2, 복) ὑπεροράω 경멸하다, 얕보다

αὐτούς (인대, 대, 남, 복) αὐτός 그

αὐτοὶ (강대, 주, 남, 복) αὐτός 그

γάρ (등접) γάρ 왜냐하면

εἰσιν (동, 직, 현, 능, 3, 복) εἰμί 이다, 있다

οἱ (관, 주, 남, 복) ὁ 그

τετιμημένοι (분, 미래완, 수, 주, 남, 복) τιμάω 존경하다, 경외하다

ὑμῶν (인대, 속, 남, 복) σύ 너, 당신

μετὰ (전, 속) μετά 함께

τῶν (관, 속, 남, 복) ὁ 그

προφητῶν (명, 속, 남, 복, 보) προφήτης 선지자, 예언자

καὶ (등접) καί 그리고

διδασκάλων (명, 속, 남, 복, 보) διδάσκαλος 선생

Didache

Did 15:3   Ἐλέγχετε δὲ ἀλλήλους μὴ ἐν ὀργῇ
ἀλλ᾽ ἐν εἰρήνῃ ὡς ἔχετε ἐν τῷ εὐαγγελίῳ καὶ
παντὶ ἀστοχοῦντι κατὰ τοῦ ἑτέρου μηδεὶς
λαλείτω μηδὲ παρ᾽ ὑμῶν ἀκουέτω ἕως οὗ
μετανοήσῃ

여러분은 서로 권면하되, 화내며 하지말고 복음[1]에서 배운것처럼
평화롭게 하십시오. 그리고 다른 이에게 잘못한 사람에게는, 그가
회개할 때까지, 아무도 말을 못하게 하고, 그도 여러분도 그에게
말하는 일이 없도록 하십시오.

---

1) 복음서라고 번역이 가능.

15:3

Ἐλέγχετε (동, 령, 현, 능, 2, 복) ἐλέγχω 설득하다

δὲ (등접) δέ 그러나

ἀλλήλους (상대, 대, 남, 복) ἀλλήλων 서로서로, 상호간에

μὴ (계) μή ~아닌

ἐν (전, 여) ἐν 안에서

ὀργῇ (명, 여, 녀, 단, 보) ὀργή 분노, 화

ἀλλ' (등접) ἀλλά 그러나

εἰρήνῃ (명, 여, 녀, 단, 보) εἰρήνη 평화, 화평

ὡς (부) ὡς 처럼, 같이

ἔχετε (동, 직, 현, 능, 2, 복) ἔχω 가지다

ἐν (전, 여) ἐν 안에서

τῷ (관, 여, 중, 단) ὁ 그

εὐαγγελίῳ (명, 여, 중, 단, 보) εὐαγγέλιον 복음

καὶ (등접) καί 그리고

παντὶ (부형, 여, 남, 단, 원) πᾶς 모든, 각각

ἀστοχοῦντι (분, 현, 능, 여, 남, 단) ἀστοχέω 벗어나다

κατὰ (전, 속) κατά 거슬려서, 대항하여

τοῦ (관, 속, 남, 단) ὁ 그

ἑτέρου (부형, 속, 남, 단, 원) ἕτερος 다른

μηδεὶς (부대, 주, 남, 단) μηδείς 아무도 아닌, 아무것도 아닌

λαλείτω (동, 령, 현, 능, 3, 단) λαλέω 말하다

μηδὲ (계) μηδέ 그러나 아닌, 그리고 아닌

παρ' (전, 속) παρά 부터

ὑμῶν (인대, 속, 남, 복) σύ 너, 당신

ἀκουέτω (동, 령, 현, 능, 3, 단) ἀκούω 듣다

ἕως (전, 속) ἕως 까지

οὗ (관대, 속, 중, 단) ὅς 무엇

μετανοήσῃ (동, 가, 부과, 능, 3, 단) μετανοέω 회개하다

Didache

Did 15:4   τὰ. δὲ. εὐχὰ. ὑμῶν και. τὰ.
ἐλεημοσυ,νὰ και. πα,σὰ τὰ. πρα,ξεὶ οὕτω
ποιη,σατε ὧ ἐχετε ἔν τῷ εὐαγγελι,ῶ του κυρι,ου
ἡμῶν

여러분의 기도와 구제와 여러분의 모든 행동은[2] 우리 주님의 복음
으로부터[3] 여러분이 배운대로 행하십시오.

---

2) 여러분의 기도들, 구제들 그리고 모든 행동들은
3) 복음서로부터

τὰς (관, 대, 녀, 복) ὁ 그

δὲ (등접) δέ 그러나

εὐχὰς (명, 대, 녀, 복, 보) εὐχῆς 기도

ὑμῶν (인대, 속, 남, 복) σύ 너, 당신

καὶ (등접) καί 그리고

ἐλεημοσύνας (명, 대, 녀, 복, 보) ἐλεημοσύνη 구제, 자선

πάσας (부형, 대, 녀, 복, 원) πᾶς 모든, 각각

πράξεις (명, 대, 녀, 복, 보) πρᾶξις 행위, 실천

οὕτω (부) οὕτω 이런식으로

ποιήσατε (동, 령, 부과, 능, 2, 복) ποιέω 행하다

ὡς (부) ὡς 처럼, 같이

ἔχετε (동, 직, 현, 능, 2, 복) ἔχω 가지다

ἐν (전, 여) ἐν 안에서

τῷ (관, 여, 중, 단) ὁ 그

εὐαγγελίῳ (명, 여, 중, 단, 보) εὐαγγέλιον 복음

τοῦ (관, 속, 남, 단) ὁ 그

κυρίου (명, 속, 남, 단, 보) κύριος 주, 주인

ἡμῶν (인대, 속, 남, 복) ἐγώ 나

제**16**장

예수님 재림

16

Didache

Did 16:1 Γρηγορειτε ὑπὲρ τῆς ζωῆς ὑμῶν οἱ λύχνοι ὑμῶν μὴ σβεσθήτωσαν καὶ αἱ ὀσφύες ὑμῶν μὴ ἐκλυέσθωσαν ἀλλὰ γίνεσθε ἕτοιμοι οὐ γὰρ οἴδατε τὴν ὥραν ἐν ᾗ ὁ κύριος ἡμῶν ἔρχεται

여러분의 생명[1]을 위해서 깨어 있으십시오. 여러분의 등잔불이 꺼지지 않게 하고 여러분의 허리띠가 풀어지지 않게 하여, 준비하고 있으십시오. 왜냐하면, 우리 주님께서 오시는 시간을 여러분은 모르기 때문입니다.

---

1) 생활이라고 번역 가능.

16:1

Γρηγορεῖτε (동, 령, 현, 능, 2, 복) γρηγορέω 깨어있다, 주의하다

ὑπὲρ (전, 속) ὑπέρ 위하여

τῆς (관, 속, 녀, 단) ὁ 그

ζωῆς (명, 속, 녀, 단, 보) ζωή 생명, 생활이라고 번역 가능

ὑμῶν (인대, 속, 남, 복) σύ 너, 당신

οἱ (관, 주, 남, 복) ὁ 그

λύχνοι (명, 주, 남, 복, 보) λύχνος 등잔불

μὴ (계) μή ~아닌

σβεσθήτωσαν (동, 령, 부과, 수, 3, 복) σβέννυμι 끄다

καὶ (등접) καί 그리고

αἱ (관, 주, 녀, 복) ὁ 그

ὀσφύες (명, 주, 녀, 복, 보) ὀσφύς 허리띠

ἐκλυέσθωσαν (동, 명, 현, 수, 3, 복) ἐκλύω 약해지다

ἀλλὰ (등접) ἀλλά 그러나

γίνεσθε (동, 령, 현, 중간, 2, 복) γίνομαι 일어나다

ἕτοιμοι (보형, 주, 녀, 복, 원) ἕτοιμος 준비된

οὐ (부) οὐ 아닌

γὰρ (등접) γάρ 왜냐하면

οἴδατε (동, 직, 미래완, 능, 2, 복) οἶδα 알다

τὴν (관, 대, 녀, 단) ὁ 그

ὥραν (명, 대, 녀, 단, 보) ὥρα 시간

ἐν (전, 여) ἐν 안에서

ᾗ (관대, 여, 여, 단) ὅ 무엇

ὁ (관, 주, 남, 단) ὅ 그

κυριὸ (명, 주, 남, 단, 보) κυριὸ 주, 주인

ἡμῶν (인대, 속, 남, 복) ἐγω, 나

ἔρχεται (동, 직, 현, 중간, 3, 단) ἔρχομαι 오다

Didache

Did 16:2 πυκνῶς δὲ συναχθήσεσθε ζητοῦντες
τὰ ἀνήκοντα ταῖς ψυχαῖς ὑμῶν οὐ γὰρ
ὠφελήσει ὑμᾶς ὁ πᾶς χρόνος τῆς πίστεως ὑμῶν
ἐὰν μὴ ἐν τῷ ἐσχάτῳ καιρῷ τελειωθῆτε

여러분의 영혼에 알맞는 것을 찾기 위하여 여러분은 자주 모이십
시오. 왜냐하면, 마지막 때에 여러분이 완전하지 않으면, 여러분
이 믿어 온 세월이 여러분에게 유익이 없을 것이기 때문입니다.

16:2

πυκνῶς (부) πυκνῶς 종종, 자주

δὲ (등접) δέ 그러나

συναχθήσεσθε (동, 직, 미, 수, 2, 복) συνάγω 모으다

ζητοῦντες (분, 현, 능, 주, 남, 복) ζητέω 찾다

τὰ (관, 대, 중, 복) ὁ 그

ἀνήκοντα (분, 현, 능, 대, 중, 복) ἀνήκω 알맞다, 속하다

ταῖς (관, 여, 녀, 복) ὁ 그

ψυχαῖς (명, 여, 녀, 복, 보) ψυχή 영혼

ὑμῶν (인대, 속, 남, 복) σύ 너, 당신

οὐ (부) οὐ 아닌

γὰρ (등접) γάρ 왜냐하면

ὠφελήσει (동, 직, 미, 능, 3, 단) ὠφελέω 유익하다

ὑμᾶς (인대, 대, 남, 복) σύ 너, 당신

ὁ (관, 주, 남, 단) ὁ 그

πᾶς (부형, 주, 남, 단, 원) πᾶς 모든, 각각

χρόνος (명, 주, 남, 단, 보) χρόνος 시간

τῆς (관, 속, 녀, 단) ὁ 그

πίστεως (명, 속, 녀, 단, 보) πίστις 믿음

ὑμῶν (인대, 속, 남, 복) σύ 너, 당신

ἐὰν (종접) ἐάν 만일

μὴ (계) μή ~아닌

ἐν (전, 여) ἐν 안에서

τῷ (관, 여, 남, 단) ὁ 그

ἐσχάτῳ (보형, 여, 남, 단, 원) ἔσχατος 맨 마지막의, 가장 작은

καιρῷ (명, 여, 남, 단, 보) καιρός 시간

τελειωθῆτε (동직, 부과, 수, 2, 복) τελειόω 완전하게하다

Didache

Did 16:3 ἐν γὰρ ταῖς ἐσχάταις ἡμέραις
πληθυνθήσονται οἱ ψευδοπροφῆται καὶ οἱ
φθορεῖς καὶ στραφήσονται τὰ πρόβατα εἰς
λύκους καὶ ἡ ἀγάπη στραφήσεται εἰς μῖσος

왜냐하면, 마지막 날들에는 거짓 선지자들과 타락시키는 자들이
많아질 것이며, 양 떼가 늑대 떼로 바뀌고, 사랑이 미움으로 바뀔
것이기 때문입니다.

ἐν (전, 여) ἐν 안에서

γὰρ (등접) γάρ 왜냐하면

ταῖς (관, 여, 녀, 복) ὁ 그

ἐσχάταις (보형, 여, 녀, 복, 원) ἔσχατος 맨 마지막의, 가장작은

ἡμέραις (명, 여, 녀, 복, 보) ἡμέρα 낮

πληθυνθήσονται (동, 직, 미, 수, 3, 복) πληθύνω 증가하다

οἱ (관, 주, 남, 복) ὁ 그

ψευδοπροφῆται (명, 주, 남, 복, 보) ψευδοπροφήτης 거짓선지자

καὶ (등접) καί 그리고

οἱ (관, 주, 남, 복) ὁ 그

φθορεῖς (명, 주, 남, 복, 보) φθορεύς 타락자, 농락꾼

στραφήσονται (동, 직, 미, 수, 3, 복) στρέφω 돌리다

τὰ (관, 주, 중, 복) ὁ 그

πρόβατα (명, 주, 중, 복, 보) πρόβατον 양

εἰς (전, 대) εἰς 향하여

λύκους (명, 대, 남, 복, 보) λύκος 늑대

ἡ (관, 주, 녀, 단) ὁ 그

ἀγάπη (명, 주, 녀, 단, 보) ἀγάπη 사랑

στραφήσεται (동, 직, 미, 수, 3, 단) στρέφω 돌리다

εἰς (전, 대) εἰς 향하여

μῖσος (명, 대, 중, 단, 보) μῖσος 미움

Didache

Did 16:4 αὐξανούσης γὰρ τῆς ἀνομίας μισήσουσιν ἀλλήλους καὶ διώξουσι καὶ παραδώσουσι καὶ τότε φανήσεται ὁ κοσμοπλανὴς ὡς υἱὸς θεοῦ καὶ ποιήσει σημεῖα καὶ τέρατα καὶ ἡ γῆ παραδοθήσεται εἰς χεῖρας αὐτοῦ καὶ ποιήσει ἀθέμιτα ἃ οὐδέποτε γέγονεν ἐξ αἰῶνος

왜냐하면, 불법이 성행할 때, 사람들은 서로를 미워하고 박해하며 배신하게 될 것이기 때문입니다. 그 때에 세상을 유혹하는 자가 마치 하나님의 아들인 것처럼 나타날 것입니다. 그는 표징들과 기적들을 행할 것입니다. 세상은 그의 손에 넘어갈 것입니다. 그는 태초로부터 일어난 적이 없는 만행들을 저지를 것입니다.

αὐξανούσης (분, 현, 능, 속, 녀, 단) αὐξάνω 증가하다, 자라다

γὰρ (등접) γάρ 왜냐하면

τῆς (관, 속, 녀, 단) ὁ 그

ἀνομίας (명, 속, 녀, 단, 보) ἀνομία 불법

μισήσουσιν (동, 직, 미, 능, 3, 복) μισέω 미워하다

ἀλλήλους (상대, 대, 남, 복) ἀλλήλων 서로서로, 상호간에

καὶ (등접) καί 그리고

διώξουσι (동, 직, 미, 능, 3, 복) διώκω 핍박하다

παραδώσουσι (동, 직, 미, 능, 3, 복) παραδίδωμι 넘겨주다, 배신하다

τότε (부) τότε 그때에

φανήσεται (동, 직, 미, 수, 3, 단) φαίνω 나타나다

ὁ (관, 주, 남, 단) ὁ 그

κοσμοπλανὴς (명, 주, 남, 단, 보) κοσμοπλανὴς 세상을 유혹하는 자

ὡς (부) ὡς 처럼, 같이

υἱὸς (명, 주, 남, 단, 보) υἱός 아들

θεοῦ (명, 속, 남, 단, 보) θεός 하나님

ποιήσει (동, 직, 미, 3, 단) ποιέω 행하다

σημεῖα (명, 대, 중, 복, 보) σημεῖον 이적

τέρατα (명, 대, 중, 복, 보) τέρας 기적

ἡ (관, 주, 녀, 단) ὁ 그

γῆ (명, 주, 녀, 단, 보) γῆ 땅

παραδοθήσεται (동, 직, 미, 수, 3, 단) παραδίδωμι 넘겨지다

εἰς (전, 대) εἰς 향하여

χεῖρας (명, 대, 녀, 복, 보) χείρ 손

αὐτοῦ (인대, 속, 남, 단) αὐτός 그

ποιήσει (동, 직, 미, 3, 단) ποιέω 행하다

ἀθέμιτα (보형, 대, 중, 복, 원) ἀθέμιτος 금지된, 허락되지 않았던

ἅ (관대, 주, 중, 복) ὅς 무엇

οὐδέποτε (부) οὐδέποτε 결코 아닌

γέγονεν (동, 직, 미래완, 능, 3, 단) γίνομαι 일어나다

ἐξ (전, 속) ἐκ ~으로 부터

αἰῶνος (명, 속, 남, 단, 보) αἰών 영원

Didache

Did 16:5   τότε ἥξει ἡ κτίσις τῶν ανθρώπων εἰς τὴν πύρωσιν τῆς δοκιμασίας καὶ σκανδαλισθήσονται πολλοὶ καὶ ἀπολοῦνται οἱ δὲ ὑπομείναντες ἐν τῇ πίστει αὐτῶν σωθήσονται ὑπ' αὐτοῦ τοῦ καταθέματος

그 때에 인간의 창조가[2] 불 심판으로 나아갈 것이며 많은 이들이 죄를 짓게 되어[3] 멸망할 것입니다 그러나 그들의 믿음으로 견디는 이들은 그 저주 아래로부터 구원을 받을 것입니다.

---

2) 인간의 행위를 말함.
3) 변절 배교하여

τότε (부) τότε 그때에

ἥξει (동, 직, 미, 능, 3, 단) ἥκω 오다

ἡ (관, 주, 녀, 단) ὁ 그

κτίσις (명, 주, 녀, 단, 보) κτίσις 창조, 창조되어진 것

τῶν (관, 속, 남, 단) ὁ 그

ἀνθρώπων (명, 속, 남, 복, 보) ἄνθρωπος 사람

εἰς (전, 대) εἰς 향하여

τὴν (관, 대, 녀, 단) ὁ 그

πύρωσιν (명, 대, 녀, 단, 보) πύρωσις 불타는

τῆς (관, 속, 녀, 단) ὁ 그

δοκιμασίας (명, 속, 녀, 단, 보) δοκιμασία 시험

καί (등접) καί 그리고

σκανδαλισθήσονται (동, 직, 미, 수, 3, 복)
σκανδαλίζω 넘어지다. 죄를 짓게하다, 믿음을 버리다

πολλοί (보형, 주, 남, 복, 원) πολύς 많은, 많이

ἀπολοῦνται (동, 직, 미, 중간, 3, 복) ἀπόλλυμι 멸망하다, 파괴하다

οἱ (관, 주, 남, 복) ὁ 그

δὲ (등접) δέ 그러나

ὑπομείναντες (분, 부과, 능, 대, 남, 복) ὑπομένω 견디다

ἐν (전, 여) ἐν 안에서

τῇ (관, 여, 녀, 단) ὁ 그

πίστει (명, 여, 녀, 단, 보) πίστις 믿음

αὐτῶν (인대, 속, 남, 복) αὐτός 그

σωθήσονται (동, 직, 미, 수, 3, 복) σώζω 구하다

ὑπ' (전, 속) ὑπό 아래에

αὐτοῦ (인대, 속, 남, 단) αὐτός 그

τοῦ (관, 속, 중, 단) ὁ 그

καταθέματος (명, 속, 중, 단, 보) κατάθεμα 저주

Didache

Did 16:6   καὶ τότε φανήσεται τὰ σημεῖα τῆς
ἀληθείας πρῶτον σημεῖον ἐκπετάσεως ἐν
οὐρανῷ εἶτα σημεῖον φωνῆς σάλπιγγος καὶ τὸ
τρίτον ἀνάστασις νεκρῶν

그 때에 진리의 표징들이 나타날 것입니다, 첫째로 하늘에서 출현
4)(이 나타날 것이요), 다음에는 나팔소리의 표징이, 세 번째로는
죽은 이들의 부활(이 있을 것입니다).

---

4) 하늘이 열리고

καὶ (등접) καί 그리고

τότε (부) τότε 그때에

φανήσεται (동, 직, 미, 수, 3, 단) φαίνω 나타나다

τὰ (관, 주, 중, 복) ὁ 그

σημεῖα (명, 주, 중, 복, 보) σημεῖον 이적

τῆς (관, 속, 녀, 단) ὁ 그

ἀληθείας (명, 속, 녀, 단, 보) ἀλήθεια 진리

πρῶτον (부)/(서형, 대, 중, 단, 원) πρῶτος 첫째

σημεῖον (명, 주, 중, 단, 보) σημεῖον 이적

ἐκπετάσεω (명, 속, 녀, 단, 보) ἐκπέτασις 열려짐

ἐν (전, 여) ἐν 안에서

οὐρανῷ (명, 여, 남, 단, 보) οὐρανός 하늘

εἶτα (부) εἶτα 다음

σημεῖον (명, 주, 중, 단, 보) σημεῖον 이적

φωνῆς (명, 속, 녀, 단, 보) φωνή 소리

σάλπιγγος (명, 속, 녀, 단, 보) σάλπιγξ 나팔

τὸ (관, 대, 중, 단) ὁ 그

τρίτον (보형, 대, 중, 단, 원) τρίτος 세 번째

ἀνάστασις (명, 주, 녀, 단, 보) ἀνάστασις 부활

νεκρῶν (보형, 속, 남, 복, 원) νεκρός 죽은

Didache

Did 16:7   οὐ πάντων δέ ἀλλ᾽ ὡς ἐρρέθη Ἥξει ὁ
κύριος καὶ πάντες οἱ ἅγιοι μετ᾽ αὐτοῦ

그렇다고 이것이 모두가 아닙니다. 5) 그러나 말해진 것처럼 주님과
모든 그의 성도들이 그분과 함께 오실 것입니다.

---

5) "모든 사람들의 부활이 아닙니다"라고 번역이 되기도 함.

οὐ (부) οὐ 아닌

πάντων (부형, 속, 남, 복, 원) πᾶς 모든, 각각

δέ (등접) δέ 그러나

ἀλλ' (등접) ἀλλά 그러나

ὡς (부) ὡς 처럼, 같이

ἐρρέθη (동, 직, 부과, 수, 3, 단) λέγω 말하다

Ἥξει (동, 직, 미, 능, 3, 단) ἥκω 오다

ὁ (관, 주, 남, 단) ὁ 그

κύριος (명, 주, 남, 단, 보) κύριος 주, 주인

καὶ (등접) καί 그리고

πάντες (부형, 주, 남, 복, 원) πᾶς 모든, 각각

οἱ (관, 주, 남, 복) ὁ 그

ἅγιοι (보형, 주, 남, 복, 원) ἅγιος 거룩한

μετ' (전, 속) μετά 함께

αὐτοῦ (인대, 속, 남, 단) αὐτός 그

Didache

Did 16:8   τότε ὄψεται ὁ κόσμος τὸν κύριον ἐρχόμενον ἐπάνω τῶν νεφελῶν τοῦ οὐρανοῦ

그 때에 세상은 하늘의 구름을 타고 오시는 주님을 볼 것입니다.

τότε (부) τότε 그때에

ὄψεται (동, 직, 미, 중간, 3, 단) ὁράω 보다

ὁ (관, 주, 남, 단) ὁ 그

κόσμος (명, 주, 남, 단, 보) κόσμος 세상

τὸν (관, 대, 남, 단) ὁ 그

κύριον (명, 대, 남, 단, 보) κύριος 주, 주인

ἐρχόμενον (분, 현, 중간, 대, 중, 단) ἔρχομαι 오다

ἐπά,νω (전, 속) ἐπά,νω 위에

τῶν (관, 속, 녀, 복) ὁ 그

νεφελῶν (명, 속, 녀, 복, 보) νεφέλη 구름

τοῦ (관, 속, 남, 단) ὁ 그

οὐρανοῦ (명, 속, 남, 단, 보) οὐρανός 하늘

ποιήσει (동, 직, 미, 3, 단) ποίησις 일, 행위

참고문헌

Allen, G C 1903. *The Didache or the Teaching of the Twelve Apostles* translated with notes. London: Astorat Press.

Balabanski, V 1997. *Eschatology in the making Mark, Matthew and the Didache*. Cambridge University Press.

Bigg, C 1898. *The Doctrine of the Twelve Apostles*. London: Society for Promoting Christian Knowledge.

Bryennios, P 1885. *The Teaching of the Twelve Apostles: Didache ton Dodeka Apostolon*.

Crossan, J D 1999. *The birth of Christianity: discovering what happened in the years immediately after the execution of Jesus*. Edinburgh: T & T Clark.

Draper, J A 1985. *The Jesus Tradition in the Didache, in Wenham, D. ed. Gospel Perspectives V*. Sheffield: JSOT Press. 269-287.

Hitchcock, R D & Brown, F 1885. revised and enlarged. *The teaching of the twelve Apostles recently discovered and published by Philotheos Brennios, Metropolitan of Nicomedia edited with a translation, introduction and notes*. London: John C Nimmo.

Holmes, M W 2007. 3rd ed. *The Apostolic Fathers: Greek texts and English translations*. Grand Rapids: Baker Academic.

Jefford, C N 1989. *The sayings of Jesus in the Teaching of the Twelve Apostles*. Leiden: E J Brill.

Jefford, C N 2005. The milieu of Matthew, the Didache, and Ignatius of Antioch: Agreements and Differences, in van de Sandt, Huub. (ed). *Matthew and the Didache: Two documents from the same Jewish-Chris-*

tian Milieu? Minneapolis: Fortress. Pp 35–47.

Kleist, J A 1957. *The Didache, The epistle of Barnabas, The epistles and the martyrdom of St.Polycarp, The fragments of Papias, The epistle to Diognetus*. London: Longmans, Green and CO.

Lake, K 1912. *The Apostolic Fathers*. London: William Heinemann.

Lightfoot, J B 1956. *The Apostolic Fathers. Grand Rapids: Baker Book House*. (it was edited and completed by Harmer, J in 1956, from the works from Lightfoot's work in 1891.).

McDonald, J I H 2004. *Kerygma and Didache: The Articulation and Structure of the Earliest Christian Message*. Cambridge University Press. SNTS Monograph Series.

Milavec , A 2004. *The Didache: Text, Translation, Analysis, and Commentary*. Collegeville, MN: Liturgical Press.

Milavec, A 2003. *The Didache: Faith, Hope and Life of the Earlist Christian Communities, 50–70 CE*. NY: Newman.

Milavec, A 2003. When, why and for whom was the Didache created? Insights into the social and historical setting of the Didache communities, in van de Sandt, Huub 2005. (ed). *Matthew and the Didache: Two documents from the same Jewish–Christian Milieu?* Minneapolis: Fortress. Pp 63–84.

Niederwimmer, K 1998. *The Didache*. Minneapolis: Fortress.

Schaff, P 1885. *Oldest Manual called the Teaching of the Apostles: the Didache and kindred documents in the original with translations and discussions of post–Apostolic teaching Baptism, Worship and Discipline with Illustrations and facsimiles of the Jerusalem Manuscript*. NY: Charlse Scribner's Sons.

Schnelle, U 1998. *The history and theology of the New Testaments Writings*.

Ausburg: Fortress Press.

Van de Sandt, H & Flusser, D 2002. *The Didache: Its Jewish sources and its place in early Judaism and Christianity*. Minneapolis: Fortress Press.

Van de Sandt, H & Zangenberg(editors) 2008. *Matthew, James, and Didache: Three Related Documents in Their Jewish and Christian Settings*. Atlanta: SBL. SBL Symposium series 45.

Varner, W 2007. *The Way of the Didache: The First Christian Handbook*. University Press of America.

Verheyden, J 2005. Eschatology in the Didache and the Gospel of Matthew, in van de Sandt, Huub 2005. (ed). *Matthew and the Didache: Two documents from the same Jewish–Christian Milieu?* Minneapolis: Fortress. Pp 193–215.

Verme, M D 2004. *Didache And Judaism: Jewish Roots Of An Ancient Christian–Jewish Work (Texts and Studies)*. NY: T & T Clark International.

Vokes, F E 1938. *The riddle of the Didache: Fact or fiction, heresy or Catholocism?* London: Society for Promoting Christian Knowledge.